W0095533

L
K
B499
V921

Vorwort

WAS GIBT ES SCHÖNERES, ALS SICH DAS SÜSSE VOLKSFEST MIT NACH HAUSE ZU NEHMEN ODER EIN TOLLES GESCHMACKSERLEBNIS NOCH EINMAL NACHZUBACKEN?

Ich bin in der Nähe der Wiesn als echtes Münchner Kindl zur Welt gekommen. Mein Leitspruch stand lange am Münchner Hauptbahnhof: »In München geboren – in der Welt zu Hause«. Und so war ich als Kind einmal im Jahr auf dem Oktoberfest und kann mich noch gut an den Vogeljakob, Zuckerwatte, Popcorn und den Duft von gebrannten Mandeln erinnern. Es war alles groß, bunt, laut und fröhlich. Das Oktoberfest holt sich die Welt nach München, und ich bin immer voller Vorfreude, einmal im Jahr mein Dirndl anzuziehen und auf die Wiesn zu gehen. Auf dem Volksfest fühlt man sich wie in einer anderen Welt – ein kleiner Kurzurlaub vom Alltag.

In Hamburg gibt es den Dom (Hamburger Volksfest), der gefühlt das ganze Jahr aufgebaut ist, nur immer dann nicht, wenn sich ein Hochzeitspaar für seine Feier Paradiesäpfel oder Lebkuchenherzen gewünscht hat. Diese hat das zukünftige Ehepaar dann gerne bei mir in meiner Backwerkstatt »Die Zuckerbäckerin« bestellt.

Seit 2016 wohne und backe ich, nach vielen Wanderjahren, wieder in meiner alten Heimat Regensburg, nicht weit weg von der Dult. Dieses Volksfest findet zweimal im Jahr an der Donau statt. Dort gibt es den besten frisch frittierten Fisch der Welt. Als Dessert gönnen wir uns traditionell gebrannte Nüsse und Fruchtspieße, die dann beim Bummel über die Dult gefuttert werden. Die bunten, rasanten Fahrgeschäfte schaue ich mir seit Jahren jedoch lieber von unten an.

Was gibt es Schöneres, als sich das süße Volksfest mit nach Hause zu nehmen oder ein tolles Geschmackserlebnis noch einmal nachzubacken? Am liebsten mag ich persönlich gebrannte Nüsse aller Art, die ich frisch gehackt über Desserts und Eiscreme streue – so schmeckt es gleich noch viel besser! Meine Mama holt sich auf der Dult gerne Magenbrot. Die erste Hälfte der Tüte wird sofort schnabuliert und der Rest liegt meist etwas länger in der Küche … im Tiramisu »verpackt« wird das Magenbrot dann jedoch sofort bis auf den letzten Krümel aufgegessen. Als großer Pfefferminzfan habe ich mir Pfefferminzbruch bisher immer auf Vorrat zugelegt und freue mich nun über mein Rezept, das dem Original sehr nahe kommt.

In meinem Buch finden Sie noch viele weitere Rezepte für Volksfest-Süßigkeiten und was man darüber hinaus mit ihnen köstlich Süßes »anstellen« kann. In diesem Sinne zum Nachtisch einen luftigen Germknödel oder lieber ein Zwetschgencrumble mit Lebkuchenstreuseln?

Viel Spaß beim Backen und Genießen
wünscht Ihre

Christine Depmayr

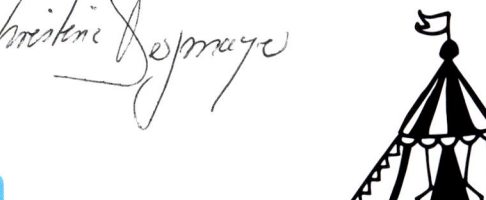

KAPITEL 1

IN DER LEBZELTEN

Schaukel

Magenbrot

Das lebkuchenartige Gebäck war ursprünglich vor allem im Schweizer und süddeutschen Raum beheimatet. Sein Name ist auf eine magenfreundliche Gewürzmischung zurückzuführen – heutzutage findet die sich nur noch in Teilen darin wieder, und das Magenbrot damit den Weg aus der Apotheke aufs Volksfest.

▶ ZUTATEN
für etwa 35 Stück

Teig:
250 g Mehl + Mehl zum Bestäuben
1 TL (6 g) Backpulver
1 gestr. EL Kakao
2 Msp. gemahlener Piment
½ TL gemahlener Anis
½ TL gemahlener Zimt
1 Prise Muskat
1 Prise Salz
50 g Zucker
60 g dunkler Zuckerrübensirup
120 ml Milch oder Hafermilch

Guss:
170 g Puderzucker
1 gestr. EL Kakao

 Zubereitungszeit:
1 Stunde
Trocknungszeit:
ca. 12 Stunden

1. Den Backofen auf 180 °C (160 °C Umluft) vorheizen. Ein Backblech mit Backpapier auslegen.

2. Für den Teig Mehl, Backpulver, Kakao, Piment, Anis, Zimt und Muskat in eine Rührschüssel sieben. Salz und Zucker untermischen. Zuckerrübensirup und Milch (bzw. Hafermilch) zugeben und mit den Knethaken des Handrührgeräts kurz zu einem Teig verkneten.

3. Den Teig auf einer leicht bemehlten Arbeitsfläche in vier gleich große Stücke schneiden und zu 26 cm langen Rollen formen. Die vier Teigrollen auf das Backblech legen und ca. 18 Minuten backen. Die Magenbrotstangen auf ein Kuchengitter legen und auskühlen lassen.

4. Die Magenbrotstangen leicht schräg in 2,5 cm breite Stücke schneiden. Ein größeres Stück Backpapier bereitlegen.

5. Für den Guss 60 ml Wasser, Puderzucker und Kakao verrühren und sprudelnd aufkochen. Den heißen Guss in eine Tasse geben und die Magenbrotstücke nacheinander einzeln auf einen Holzspieß stecken, in den Guss tauchen, abtropfen lassen und zum Trocknen auf das Backpapier legen.

6. Nach ein paar Stunden die Stücke wenden und, wenn der Guss sich trocken anfühlt, in luftdicht verschließbare Dosen verpacken. Das Magenbrot hält sich gut 2 Wochen.

Magenbrot-Tiramisu

MIT AMARENAKIRSCHEN

Eine der beliebtesten Nachspeisen einmal nicht mit Löffelbiskuits zubereitet, sondern mit Magenbrot. Schon allein dadurch, aber auch durch die im Magenbrot enthaltenen Gewürze wird aus zwei Klassikern ein fast schon exotisch zu nennendes überaus köstliches Dessert.

ZUTATEN

für 1 rechteckige Auflaufform
à ca. 20 × 15 cm

300 g Magenbrot selbst gemacht oder
vom Volksfest
1 kleines Glas Amarenakirschen
(Einwaage 250 g, Abtropfgewicht 130 g)
6 EL Amarettolikör
250 g Mascarpone
100 g Schmand
100 g Sahne
1–2 EL Kakao

Zubereitungszeit:
20 Minuten + Kühlzeit

1. Das Magenbrot waagerecht halbieren und die Hälfte der Stücke mit der Schnittseite nach oben in einer Auflaufform verteilen. Die Kirschen abgießen, den Amarenasirup dabei auffangen. 40 ml Sirup mit dem Amarettolikör mischen und das Magenbrot mit der Hälfte davon beträufeln.

2. 50 ml Amarenasirup, Mascarpone und Schmand mit den Quirlen des Handrührgeräts verrühren, die Sahne zugeben und die Masse cremig aufschlagen.

3. Die Hälfte der Creme auf dem sirupgetränkten Magenbrot verteilen und darauf die Hälfte der Amarenakirschen streuen. Das restliche Magenbrot mit der Schnittfläche nach oben dicht an dicht auf die Creme setzen und mit der restlichen Sirup-Likör-Mischung beträufeln. Restliche Creme und Amarenakirschen darauf verteilen.

4. Die Form mit Frischhaltefolie abdecken und mindestens 6 Stunden kalt stellen. Kurz vor dem Servieren mit Kakao bestäuben.

MEINE TIPPS

Kleine Lebkuchenherzen mit Namen beschreiben und bei einer Feier als Tischkarten verwenden.

Wenn man die Herzen länger aufheben möchte, sollten sie in Zellophan verpackt werden, sonst kann nach einigen Tagen der Zuckerguss abbröseln.

Lebkuchenherzen

◤ ZUTATEN ◥

für 11 kleine Herzen (12 cm ∅)
oder 5 große Herzen (18 cm ∅)

Teig:
100 ml starker Kaffee
100 g Zucker, 1 Prise Salz
80 g dunkler Zuckerrübensirup
80 g Honig, 125 g Butter
2 TL Natron
1 TL gemahlener Zimt, 1 TL Kakao
1 TL gemahlener Ingwer
1 TL Lebkuchengewürz
1 TL fein geriebene Zitronenschale
500 g Dinkelmehl (Type 670)

Zuckerguss:
3 Eiweiß (Größe M)
650 g gesiebter Puderzucker
Speisefarbenpaste grün, rosa, lila, gelb
oder rot (z. B. von Sugarflair oder
Wilton)

Lebkuchen-Ausstechform
Herz 12 oder 18 cm
mehrere Einwegspritzbeutel
Lochtüllen 2 und 5 mm
Sterntülle 5 mm
Blatttülle Nr. 66
Satinbänder

🕐 *Zubereitungszeit:*
2½ Stunden
Wartezeit:
ca. 16 Stunden

∕∿∿∿∿∿∿∿∿∿∿∿∿∿∿∿∿

1. Für den Teig Kaffee, Zucker, Salz, Zuckerrübensirup und Honig in einem Topf aufkochen, den Topf zur Seite stellen. Butter in Würfel schneiden, zum heißen Sirup geben und rühren, bis sich die Butter mit ihm verbunden hat. Sirup vollständig auskühlen lassen.

2. Natron, Zimt, Kakao, Ingwer, Lebkuchengewürz und Zitronenschale mit dem Sirup verrühren. Dinkelmehl zugeben und mit den Knethaken des Handrührgeräts kurz zu einem Teig verkneten. Teig zu einem flachen Ziegel formen und in Frischhaltefolie verpackt mindestens 6 Stunden kalt stellen.

3. Teig 30 Minuten vor dem Verarbeiten aus dem Kühlschrank nehmen. Backofen auf 180 °C (160 °C Umluft) vorheizen. Zwei Backbleche mit Backpapier auslegen. Teig kurz durchkneten und auf einer leicht bemehlten Arbeitsfläche 8 mm dick ausrollen. Mithilfe von Ausstechformen Herzen ausstechen (18 oder 12 cm) und mit etwas Abstand auf die Backbleche legen. 15–18 Minuten backen, noch heiß mit einer Lochtülle (5 mm) Löcher für das Band zum Aufhängen ausstechen. Auf dem Backblech vollständig abkühlen lassen.

4. Für den Zuckerguss Eiweiß mit den Quirlen einer Küchenmaschine oder eines Handrührgeräts steif schlagen, dabei nach und nach den gesiebten Puderzucker zugeben und sehr steif schlagen. Vom Zuckerguss die Hälfte rosa oder lila für den Rand einfärben. Zwei Esslöffel Zuckerguss grün einfärben. Zuckerguss immer mit Frischhaltefolie abdecken. 2 EL weißen Zuckerguss (evtl. mit ein 1–2 Tropfen Wasser weicher rühren) in einen Spritzbeutel mit Mini-Lochtülle (2 mm) füllen und Namen oder kurze Texte auf die Herzen schreiben.

5. In einen Spritzbeutel mit kleiner Sterntülle rosa oder lila eingefärbten Zuckerguss füllen. Herzen rundum wellig damit verzieren. Grünen Zuckerguss in einen Spritzbeutel mit kleiner Blatttülle geben. Restlichen weißen Zuckerguss für die Blumen nach Wunsch rot und/oder gelb einfärben, in Spritzbeutel mit kleiner Loch- oder Sterntülle füllen. Blumen auf die Herzen garnieren und um die Blumen grüne Blätter spritzen. Herzen über Nacht trocknen lassen, Bänder durch die Löcher ziehen und verschenken.

Zwetschgencrumble

MIT LEBKUCHENSTREUSELN

Dieses Rezept eignet sich hervorragend, um übrig gebliebene Lebkuchen zu verwerten und ein wenig herbstlich-behagliche Gemütlichkeit in die gute Stube einziehen zu lassen. Am besten schmeckt der unkomplizierte Crumble mit süßsauren Hauszwetschgen.

▶ ZUTATEN

für 6 Portionen

350 g Lebkuchen selbst gemacht
oder vom Volksfest
750 g entsteinte Zwetschgen
(es klappt auch mit TK-Zwetschgen)
180 g weiche Butter + etwas Butter
für die Form
80 g brauner Zucker
2 Prisen Salz
120 g Mehl

Auflaufform
(Inhalt 1,8 l/oval 30 × 20 cm)

🕐 Zubereitungszeit:
30 Minuten + Backzeit

1. Von den Lebkuchen den dekorierten Zuckerrand und anderweitige Zuckerdeko abbrechen, nicht mitverwenden. Lebkuchen in Stücke brechen und in einem elektrischen Zerkleinerer zerkleinern (die Stücke sollten anschließend kleiner als 1–2 mm sein).

2. Eine Auflaufform dünn mit Butter fetten. Den Backofen auf 180 °C (160 °C Umluft) vorheizen.

3. Die Zwetschgen halbieren (große Zwetschgen vierteln), mit 100 g Lebkuchenbröseln mischen und in der Auflaufform verteilen.

4. Weiche Butter mit braunem Zucker und Salz mit den Quirlen des Handrührgeräts schaumig schlagen. Restliche Lebkuchenbrösel (180–200 g) und Mehl zugeben und mit den Händen zu Streuseln verreiben. Die Streusel gleichmäßig über den Zwetschgen verteilen.

5. Den Crumble etwa 25 Minuten im vorgeheizten Backofen backen und am besten lauwarm mit frisch geschlagener Sahne servieren.

MEIN TIPP

Statt eines großen, in einer Auflaufform gebacke-
nen Crumbles können auch mehrere kleinere
Crumbles gebacken werden. Verwenden Sie dazu
Mini-Creuset-Formen oder andere hitzebeständige
Gefäße. Die Backzeit verringert sich dann auf etwa
15–20 Minuten.

Baumkuchen

100 g Marzipanrohmasse
200 g zimmerwarme Butter
Mark von 1 Vanilleschote
1 TL frisch geriebene Zitronenschale
150 g Zucker
5 Eier (Größe M, zimmerwarm)
150 g Mehl
50 g Speisestärke
1 TL Backpulver

Dekor:
*evtl. Puderzucker oder Zucker-
bzw. Schokoladenglasur
evtl. Oblatenblümchen*

Kastenform (30 × 10 cm)

Zubereitungszeit:
75 Minuten, dabei den Ofen
immer im Auge behalten!

1. Den Boden der Kastenform mit einer doppelten Lage Backpapier auslegen. Den Backofen auf 220 °C (200 °C Umluft) vorheizen.

2. Die Marzipanrohmasse in kleine Stücke zupfen und mit der Butter, dem Vanillemark, Zitronenschale und 60 g Zucker mit den Quirlen des Handrührgeräts gut 5 Minuten luftig aufschlagen. Die Eier trennen. Die Eigelbe zur Buttermasse geben und weitere 2 Minuten aufschlagen.

3. Die Eiweiße mit den komplett fettfreien Quirlen des Handrührgeräts steif schlagen, dabei den restlichen Zucker (90 g) einrieseln lassen.

4. Mehl, Speisestärke und Backpulver gut mischen, die Hälfte davon unter die Buttermasse heben. Die Hälfte des Eischnees zugeben und unterheben. Danach die restliche Mehlmischung unterheben und dann das restliche Eiweiß.

5. Drei EL Teig gleichmäßig in der Kastenform verstreichen und etwa 5 Minuten im Ofen auf mittlerer Schiene backen, bis die Oberfläche zartbraun ist. Form aus dem Ofen nehmen, wieder 3 EL Teig gleichmäßig verstreichen und backen, bis die Oberfläche goldbraun ist. Diesen Vorgang wiederholen, bis der Teig verbraucht ist. Für die letzte Schicht den Ofen auf 180 °C (160 °C Umluft) zurückschalten und den Kuchen insgesamt etwa 10 Minuten backen (Stäbchenprobe!).

6. Den Baumkuchen in der Form auf einem Kuchengitter abkühlen lassen. Mit einem dünnen, glatten Messer rundum zwischen Form und Teig schneiden und den Baumkuchen aus der Form stürzen.

MEIN DEKOTIPP

Den Baumkuchen nach Belieben mit einer Zucker- oder Schokoladenglasur überziehen und mit Oblatenblümchen dekorieren. Oder Sie bestäuben ihn einfach nur mit Puderzucker – für ein schönes Muster eine Schablone nach Wahl verwenden.

Baumkuchenterrine

MIT DULCE-DE-LECHE-EIS UND ERDBEERSAUCE

Dulce de leche ist eine in ganz Lateinamerika beliebte Creme auf Milch-
und Zuckerbasis, die als Brotaufstrich oder zur Herstellung von
Desserts verwendet wird. Bei uns kann man sie teilweise schon fertig in
der Dose kaufen oder man stellt sie selbst her.

ZUTATEN
für 8 Portionen

400 g Baumkuchen selbst gemacht
oder vom Volksfest
300 g Sahne, 250 g Dulce de leche

Sauce:
250 g Erdbeeren
1 EL Puderzucker

Kastenform (20 × 11 cm)

Zubereitungszeit:
40 Minuten ohne Gefrierzeit

1. Eine Kastenform mit Frischhaltefolie auslegen. Den Baumkuchen in 1 cm breite Scheiben schneiden. Erst den Boden der Form damit auslegen und dann die Seiten. Die Sahne steif schlagen. Die Dulce de leche in eine Schüssel geben, mit einem Schneebesen glatt rühren und die steif geschlagene Sahne in zwei Portionen unterheben. Die Creme in die mit Baumkuchen ausgelegte Form geben und glatt streichen. Die restlichen Baumkuchenscheiben dicht an dicht auf die Creme legen, sodass die Scheiben mit dem Rand aus Baumkuchen plan sind. Die Form mit Frischhaltefolie bedecken und mindestens 5 Stunden einfrieren.

2. Die Erdbeeren putzen, waschen, trocken tupfen und halbieren. Erdbeeren und Puderzucker in einen Mixbecher geben und mit einem Stabmixer pürieren. Wenn man keine Kernchen mag, kann man die Sauce anschließend noch durch ein feines Sieb streichen.

3. Zum Servieren die Eisterrine in Scheiben schneiden und mit der Erdbeersauce servieren.

Dulce de leche selbst gemacht

1–3 geschlossene Dosen gezuckerte Kondensmilch in einen Topf stellen. Den Topf mit Wasser auffüllen, sodass die Dosen komplett mit Wasser bedeckt sind, die Wasserkante sollte sich mindestens 3 cm oberhalb der Dosen befinden. Die Dosen 2 ½ Stunden bei mittlerer Hitze köcheln lassen. Dabei immer wieder Wasser nachgießen, damit die Dosen immer (!) mit Wasser bedeckt ist. Anschließend die Dosen (Vorsicht: heiß!) auf ein Kuchengitter stellen und erkalten lassen. Die selbst gemachte Dulce de leche hält sich geschlossen gut 3 Monate. Da sie auch lange gekocht werden muss, empfiehlt es sich, gleich 2–3 Dosen auf einmal zu kochen.

Schaumrollen

ZUTATEN
für 10 Stück

1 Packung Blätterteig aus dem
Kühlregal (275 g, 40 × 24 cm)
1 Eigelb (Größe M)
1 EL Milch

Füllung:
110 g Zucker
2 Eiweiß (Größe M)
1 EL Puderzucker zum Bestäuben

10 Schaumrollenbackformen
(leicht gefettet) oder selbst
gebastelt (s. Kasten)
Spritzbeutel mit Lochtülle
(10 mm)

Zubereitungszeit:
50 Minuten ohne Wartezeiten

1. Ein Backblech mit Backpapier auslegen. Den Blätterteig auf der Arbeitsfläche ausbreiten und in zehn etwa 2,4 cm breite Streifen schneiden. Den Backofen auf 180 °C (160 °C Umluft) vorheizen.

2. Einen Blätterteigstreifen spiralförmig und leicht überlappend um die Rolle wickeln, die Blätterteigrolle mit den Teigenden nach unten auf das Backblech legen. Eigelb und Milch verrühren und die Rolle damit bepinseln. Ebenso mit den übrigen Teigstreifen verfahren. Die Blätterteigrollen auf mittlerer Schiene etwa 25 Minuten im Ofen goldbraun backen.

3. Die Backformen herausziehen, solange das Gebäck noch heiß ist. Die Blätterteigrollen dann komplett auskühlen lassen. (In einer luftdicht schließenden Dose halten sie sich ungefüllt einige Tage.)

4. Für die Füllung 80 g Zucker und 30 ml Wasser in einen kleinen Topf geben und aufkochen. Die beiden Eiweiße mit 30 g Zucker steif schlagen und gleichzeitig das Zuckerwasser 1 Minute sprudelnd kochen lassen. Dann die Zuckerlösung langsam in das Eiweiß laufen lassen, dabei stetig weiterschlagen, bis die Eiweißmasse wieder kalt ist.

5. Den Eischnee in einen Spritzbeutel mit Lochtülle füllen und die Schaumrollen jeweils von beiden Seiten füllen. Die Schaumrollen mit etwas Puderzucker bestäuben und servieren.

Schaumrollenbackformen selbst gebastelt
20 Streifen Alufolie, je 12 x 30 cm
10 Stück Backpapier, je 12 x 12 cm
*Je 2 Alustreifen locker zu einer Rolle aufrollen. 1 Stück Backpapier
um die Alurolle wickeln und festhalten, dabei den Blätterteigstreifen
spiralförmig etwas überlappend um die Rolle legen (siehe Schritt 2).*

Schaumwaffeln

Waffelblätter findet man im gut sortierten Lebensmittelhandel bei den ausländischen Spezialitäten oder auch in osteuropäischen Feinkostgeschäften.

ZUTATEN
für 10–11 Waffeln

4 Blatt weiße Gelatine
3 Waffelblätter (23 × 29 cm)
2 Eiweiß (Größe M)
1 Prise Salz
100 g Zucker
70 ml Himbeer- oder Cranberrysirup
nach Belieben 1 Pkg. dunkle
Kuchenglasur

Zubereitungszeit:
30 Minuten ohne Wartezeiten
(mit Kuchenglasur 45 Minuten)

1. Die Blattgelatine nach Packungsanweisung in kaltem Wasser einweichen. Eineinhalb Waffelblätter in 4 cm breite Streifen schneiden.

2. Eiweiß und Salz in der Küchenmaschine oder mit dem Handrührgerät aufschlagen, dabei 30 g Zucker einrieseln lassen. Den Sirup und 70 g Zucker in einem kleinen Topf verrühren und aufkochen, den Sirup ab dann genau 1 Minute kochen lassen. Den heißen Sirup bei langsam laufendem Gerät zugießen, gleich darauf die ausgedrückte Gelatine zugeben und 2 Minuten weiterschlagen.

3. Die Eiweißmasse sofort auf die 1½ ganzen Waffelblätter geben und gleich hoch verstreichen, das geht am besten mit einer kleinen Winkelpalette. Die Waffelstreifen dicht an dicht auf den Schaum setzen.

4. Nach 1 Stunde die Waffeln mit einem großen Messer schneiden, dabei das Messer immer wieder feucht abwischen.

5. Nach Belieben die Waffeln glasieren. Dazu dunkle Kuchenglasur nach Packungsanweisung schmelzen und die Enden der Waffeln eintauchen oder mit einem Pinsel die Kanten rundum mit Glasur bestreichen. Auf einem Backpapier absetzen. Die Waffeln in den Kühlschrank legen, bis die Glasur fest ist.

6. Zum Aufbewahren die Waffeln in eine luftdicht schließende Box legen und kühl und trocken lagern; sie halten sich etwa 3–4 Tage.

Splitterbombe

Knuspriger Waffelbruch innen, knackig-nussige Schokolade außen:
Diese Kalorienbomben sind echtes Hüftgold und nur für die Figur gefährlich …

ZUTATEN
für 8 Stück

*100 g gehackte Mandeln
oder Haselnüsse
2 Blatt weiße Gelatine
100 g Schaumwaffeln selbst
gemacht oder vom Volksfest
1 Eiweiß (Größe L)
1 Prise Salz
80 g Zucker
2 Prisen geriebene Vanilleschote
200 g Zartbitterkuvertüre
10 g Kokosfett*

Zubereitungszeit:
40 Minuten ohne Wartezeiten

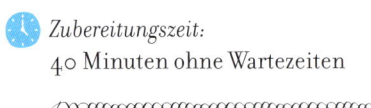

1. Mandeln oder Haselnüsse in einer Pfanne ohne Fett goldbraun rösten, herausnehmen und auf einem Teller auskühlen lassen. Die Gelatine nach Packungsanweisung in kaltem Wasser einweichen. Die Schaumwaffeln in kleine Stücke von etwa 1,5 × 1 cm schneiden. Ein kleines Tablett (muss in den Kühlschrank passen) mit Backpapier auslegen.

2. Eiweiß und Salz in der Küchenmaschine oder mit dem Handrührgerät steif schlagen, dabei 20 g Zucker einrieseln lassen. In dieser Zeit 30 ml Wasser mit 60 g Zucker und der Vanille in einem kleinen Topf verrühren und aufkochen, ab dann den Sirup genau 1 Minute kochen lassen. Den heißen Sirup bei langsam laufendem Gerät zum Eischnee gießen, gleich darauf die Gelatine ausdrücken und zugeben und 2 Minuten weiterschlagen.

3. Die Waffelstücke unter den Eischnee heben. Mithilfe von zwei Esslöffeln 8 gleich große, annähernd rund geformte Portionen auf das mit Backpapier ausgelegte Tablett setzen, 30 Minuten kalt stellen. Die Schaumkugeln rundum in den gehackten Mandeln wälzen und dabei rund formen, 1 weitere Stunde kalt stellen.

4. Die Zartbitterkuvertüre fein hacken und mit dem Kokosfett auf einem heißen Wasserbad schmelzen, dabei ab und zu umrühren und darauf achten, dass kein Wasser in die Kuvertüre spritzt. Auf einer Arbeitsfläche Backpapier auslegen.

5. Die Schaumkugeln nacheinander in die Kuvertüre legen, dabei so lange wenden, bis sie rundum mit Kuvertüre bedeckt sind. Mit einer Gabel herausheben, etwas abtropfen lassen und auf dem Backpapier absetzen. Die Splitterbomben fest werden lassen und innerhalb von 1–2 Tagen verzehren.

KAPITEL 2

IM NUSS- & KOKOS

Karussell

Türkischen Honig

ZUTATEN

für ca. 32 Stück

50 g kandierte Ananas
50 g getrocknete Aprikosen
20 g kandierter Ingwer
100 g ganze Mandeln ohne Haut
(oder grob gehackte Walnüsse)
25 g gehackte Pistazien
50 g getrocknete Cranberrys
200 g Zucker
100 g fester Honig
1 frisches Eiweiß (Größe L)
1 Prise Salz
4 rechteckige Oblaten (12 × 20 cm)

Zubereitungszeit:
1 Stunde ohne Wartezeiten

1. Ananas, Aprikosen und Ingwer grob hacken. Mandeln bzw. Walnüsse, Pistazien und Cranberrys sowie die gehackten Früchte auf einem mit Backpapier ausgelegten Backblech verteilen und in den ausgeschalteten Backofen geben. In einem kleinen Topf den Zucker in 60 ml Wasser lösen. Für das Wasserbad einen großen Topf mit etwas Wasser auf dem Herd bereitstellen.

2. Den Honig in einem weiteren Topf aufkochen. Eiweiß und Salz in eine Metallschüssel (oder eine andere hitzebeständige Schüssel, die in den großen Topf gehängt werden kann) geben und mit den Quirlen der Küchenmaschine oder des Handrührgeräts schaumig schlagen, dabei den heißen Honig in einem dünnen Strahl zufließen lassen und stetig weiterschlagen.

3. In der Zwischenzeit die Zuckerlösung bei mittlerer Hitze kochen. Sowie die Lösung kocht, exakt 3 Minuten(!) weiterkochen und vom Herd nehmen. Eiweiß-Honig-Masse weiterschlagen und den Zuckersirup (Achtung: sehr heiß!) in einem dünnen Strahl zugießen. Die Eiweißmasse gut 3 Minuten weiterschlagen. In dieser Zeit das Wasser im großen Topf erhitzen.

4. Schüssel mit der Eiweißmasse auf das heiße Wasserbad (95 °C) setzen und die Masse mindestens 15 Minuten mit einem Kochlöffel stetig rühren. In dieser Zeit die Früchte-Nuss-Mischung im Backofen bei 100 °C erwärmen. Zur Eiweißmasse geben, gut verrühren.

5. Zwei Oblaten auf Backpapier legen, die Eiweißmasse mit der Rückseite eines feuchten Esslöffels auf den Oblaten gleichmäßig verteilen. Die zwei restlichen Oblaten auf die Eiweißmasse legen und andrücken. Oblaten mit Backpapier bedecken und mit einigen Holzbrettchen (oder Büchern) beschweren. Türkischen Honig über Nacht trocknen lassen.

6. Den türkischen Honig mit einem scharfen Messer in 2,5 × 6 cm große Stücke schneiden (Messer zwischendurch wieder sauber machen) und nochmals 12 Stunden trocknen lassen. Der türkische Honig hält sich in einer luftdicht schließenden Dose zwischen Pergamentpapier gut 4 Wochen.

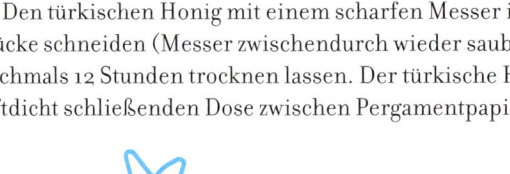

MEIN TIPP

Wenn sich der türkische Honig nach dem Schneiden und Trocknen zu klebrig anfühlen sollte, können Sie die Kanten der Stücke in geraspelte Kokosflocken drücken. Das schmeckt nicht nur gut, sondern sieht außerdem auch sehr hübsch aus.

MEIN TIPP

Die Filoteigschalen lassen sich gut vorbereiten. Das ist besonders praktisch, wenn man Gäste hat und dann nur noch das Füllen erledigen muss. Statt einer Muffinform kann man auch kleine ofenfeste Auflaufförmchen verwenden.

Orientalisches Dessert

MIT TÜRKISCHEM HONIG

Allerhand verschiedene Aromen und Texturen vereinigen sich: Bei diesem orientalischen Traum aus 1001 Nacht geht es süß, cremig, knusprig und fruchtig zu.

ZUTATEN
für 6 Dessertportionen

100 g türkischer Honig selbst gemacht
oder vom Volksfest
300 g griechischer Joghurt (10 %)
3 große Filoteigblätter
3 EL Öl
50 g Walnüsse
1 TL Puderzucker
1 kleiner Granatapfel
1 Feige, in Spalten
1 kleine Mango, in Spalten
25 g gehackte Pistazien

Muffinform

Zubereitungszeit:
45 Minuten

1. Vom türkischen Honig die Oblaten entfernen (sie werden nicht mitverwendet). Den türkischen Honig grob hacken, mit dem griechischen Joghurt verrühren und abgedeckt kalt stellen. Den Backofen auf 180 °C (160 °C Umluft) vorheizen.

2. Die Filoteigblätter in 12 etwa 14 × 14 cm große Quadrate schneiden. Die Quadrate und 6 Muffinmulden ganz dünn mit Öl bestreichen. Je zwei Teigblätter leicht versetzt aufeinanderlegen und in eine gefettete Muffinmulde drücken. Die Walnüsse grob hacken, mit dem Puderzucker vermischen und in den Teigschalen verteilen. Die Filoteigschalen im vorgeheizten Ofen ca. 10 Minuten goldbraun backen. Aus der Form lösen und abkühlen lassen.

3. Vom Granatapfel das »Krönchen« herausschneiden, den Granatapfel entlang der senkrechten Vertiefungen in Spalten schneiden. Die Spalten gerade biegen, um die Kerne besser ablösen zu können. Die weißen Häutchen beim Herauslösen der Kerne entfernen.

4. Die ausgekühlten Filoteigschalen auf Teller setzen, die Joghurtmischung gleichmäßig auf die Schalen verteilen und jeweils mit den Früchten dekorieren. Zum Schluss das Dessert mit gehackten Pistazien bestreuen und servieren.

33

Gebrannte Mandeln

Diesen Volksfest-Klassiker schlechthin können Sie ganz einfach zu Hause selber machen. Nur etwa 20 Minuten und Sie schwelgen in Kindheitserinnerungen.

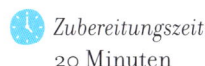
ZUTATEN
für 350 g

120 g Zucker
1 TL Zimt
1 Msp. geriebene Vanilleschote
200 g ganze Mandeln
20 g Puderzucker
15 g Butter

Zubereitungszeit:
20 Minuten

1. Ein Blech mit Backpapier auslegen. 80 ml Wasser, Zucker, Zimt und geriebene Vanille in eine Pfanne geben, umrühren und aufkochen. Die Mandeln zugeben und weiter köcheln lassen, dabei stetig umrühren.

2. Wenn der Sirup dick blubbert, den Puderzucker zugeben und langsam weiterrühren, bis der Puderzucker anfängt, goldbraun zu schmelzen. Zum Schluss die Butter zugeben, kurz durchschwenken und die Mandeln auf dem mit Backpapier ausgelegten Blech verteilen. Auskühlen lassen.

3. Die komplett ausgekühlten Mandeln in luftdicht verschließbare Dosen oder in Geschenktütchen füllen. Sie würden sich gut 2 Wochen halten, sind lauwarm aber so lecker, dass sie es oft nicht in die Dose schaffen …

Parfait
VON GEBRANNTEN MANDELN

▶ ZUTATEN

für 12 Portionen

Eismasse:
100 g gebrannte Mandeln selbst gemacht oder vom Volksfest
40 g Marzipanrohmasse
2 Eier (Größe M)
50 g Zucker
330 g Sahne (mind. 30 % Fett)

Topping:
100 g gebrannte Mandeln selbst gemacht oder vom Volksfest
100 g Zartbitterkuvertüre
100 g Sahne

Muffinform (idealerweise aus Silikon; außerdem 12 Muffin-Papierförmchen bei einem Muffinblech)

🕐 *Zubereitungszeit:*
40 Minuten
Gefrierzeit:
6 Stunden

1. In die Mulden der Muffinform Papierförmchen setzen (bei einer Silikonform ist dieser Schritt nicht nötig). Die gebrannten Mandeln fein hacken. Das Marzipan in kleine Stücke schneiden. Die Eier trennen. Das Eiweiß mit den Quirlen des Handrührgeräts dickschaumig schlagen, dabei den Zucker einrieseln lassen. Die Sahne steif schlagen.

2. Die Marzipanstücke mit dem Eigelb in eine Rührschüssel geben. Zunächst kurz auf niedrigster, dann auf höchster Stufe schaumig schlagen. So lange schlagen, bis keine Marzipanstücke mehr sichtbar sind. Die gehackten Mandeln unterheben.

3. Erst die Eigelbmasse, dann das aufgeschlagene Eiweiß vorsichtig mit einem Spatel unter die Sahne heben. Die Parfaitmasse gleichmäßig auf die Mulden der Form bzw. auf die Papierförmchen verteilen und mindestens 6 Stunden in das Gefrierfach stellen.

4. Für das Topping die gebrannten Mandeln grob hacken. Die Zartbitterkuvertüre fein hacken und in eine Schüssel geben. Die Sahne aufkochen und über die gehackte Zartbitterkuvertüre gießen, mit einen Schneebesen zu einer glatten Sauce verrühren und auf Zimmertemperatur abkühlen lassen.

5. Die Parfaits aus der Form nehmen und kopfüber auf Teller stellen, gegebenenfalls das Papier abziehen. Auf jedes Parfait 1 EL Schokladensauce geben und mit der Löffelrückseite an den Rand schieben, sodass die Sauce an den Seiten etwas herunterläuft. Die Parfaits mit den grob gehackten gebrannten Mandeln bestreuen und servieren.

MEIN TIPP

Die Parfaits lassen sich gut vorbereiten und halten sich tiefgefroren etwa 1–2 Wochen. Wenn Sie eine Tiefkühltruhe besitzen, werden die Parfaits vermutlich schneller durchgefrieren und beim Servieren länger »in Form« bleiben.

Apfel-Milchreis-Dessert
MIT GEBRANNTEN MANDELN

▶ ZUTATEN

für 6 Dessertportionen oder
4 Mittagessen

150 g gebrannte Mandeln selbst
gemacht oder vom Volksfest
125 g Milchreis
2 EL Butter (à 15 g)
650 ml Milch (1,5 %)
1 kleine Zimtstange
1 Pkg. Bourbon-Vanillezucker
1 Prise Salz
550 g Äpfel
60 g Zucker
75 ml Wasser oder Weißwein

4–6 Schüsselchen oder Förmchen

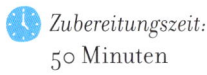 Zubereitungszeit:
50 Minuten

1. Die gebrannten Mandeln grob hacken und 5 EL zum Bestreuen zur Seite stellen.

2. Den Milchreis in ein Sieb geben und mit kaltem Wasser waschen. 1 EL Butter in einen größeren Topf geben und schmelzen, Milchreis zugeben und in der Butter schwenken. Milch und Zimtstange zugeben, Deckel auflegen und 30 Minuten bei niedriger Hitze köcheln lassen. Milchreis ab und zu umrühren und zum Schluss Vanillezucker und Salz unterrühren. Den Milchreis vom Herd nehmen, die Zimtstange entfernen und die gebrannten Mandeln unterrühren.

3. Die Äpfel vierteln, entkernen, schälen und in 5 mm dicke Stücke oder Scheiben schneiden.

4. Den Zucker in einer großen Pfanne bei mittlerer Hitze ohne Rühren goldbraun karamellisieren lassen, restliche Butter zugeben und gut verrühren. Die Apfelstücke zugeben, andünsten, Wasser oder Weißwein zugeben und abgedeckt 10–15 Minuten köcheln lassen, bis die Äpfel weich sind oder anfangen auseinanderzufallen.

5. Wenn der Milchreis zu fest ist, noch einige Löffel Milch unterrühren und dann auf 4–6 Schüsselchen oder Förmchen verteilen. Das Apfelkompott auf den Milchreis geben und mit den beiseitegelegten gebrannten Mandeln bestreuen. Am besten noch lauwarm servieren.

MEIN TIPP

Das Milchreisdessert schmeckt auch mit gebrannten Haselnüssen oder Walnüssen.

Als Reiseproviant oder zum Picknick kann man den Milchreis und das Apfelkompott auch abwechselnd geschichtet in Bügelverschlussgläser abfüllen.

Schoko-Ingwer-Erdnüsse

Nussig, scharf, süß – eine eher ungewöhnliche Geschmackskombination, die es definitiv wert ist, probiert zu werden.

ZUTATEN
für 250 g

80 g Zartbitterkuvertüre
15 g frischer fein geriebener Ingwer
150 g geröstete Erdnüsse (ohne Salz)
1 gehäufter EL Kakao

Zubereitungszeit:
30 Minuten

1. Die Zartbitterkuvertüre fein hacken und auf dem Wasserbad schmelzen (bei ca. 60 °C, ggf. mithilfe eines Backthermometers prüfen). Dabei ab und zu umrühren und darauf achten, dass kein Wasser in die Kuvertüre spritzt. Ein Backblech mit Backpapier auslegen.

2. Den geriebenen Ingwer und die Erdnüsse in die Kuvertüre geben. Alles gut verrühren und die Nüsse mit einer Gabel einzeln auf dem Backpapier verteilen. Die Schokolade fest werden lassen (eventuell kurz in den Kühlschrank stellen).

3. Den Kakao in eine kleine Box mit Deckel geben, die Schoko-Erdnüsse zugeben. Die Box verschließen und schütteln, bis die Erdnüsse rundum mit Kakao umhüllt sind. Sie halten sich gut 3 Wochen.

MEINE TIPPS

Die fertigen Schoko-Ingwer-Erdnüsse in kleine Klarsichtbeutel füllen und diese mit schönen Schleifen oder Bändern verschließen.

Statt Erdnüssen kann man auch geröstete Haselnüsse ohne Haut oder geröstete Cashewkerne verwenden.

Schoko-Macadamianüsse

MIT CHILI

Sensorisch eher zart Besaitete können selbstverständlich die Menge an Chiliflocken im Rezept reduzieren oder verzichten auch einfach ganz darauf.

▶ ZUTATEN

für 180 g

60 g weiße Kuvertüre
120 g geröstete Macadamianüsse
2 Msp. Chiliflocken
1 gehäufter EL Puderzucker

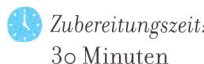 Zubereitungszeit:
30 Minuten

1. Das Backblech mit Backpapier auslegen. Die weiße Kuvertüre fein hacken und auf dem Wasserbad schmelzen (bei ca. 60 °C, ggf. mithilfe eines Backthermometers prüfen). Dabei ab und zu umrühren und darauf achten, dass kein Wasser in die Kuvertüre spritzt.

2. Die Nüsse und die Chiliflocken in die Kuvertüre geben. Alles gut verrühren und die Nüsse mit einer Gabel einzeln auf dem mit Backpapier ausgelegten Blech verteilen. Die Kuvertüre fest werden lassen (eventuell kurz in den Kühlschrank stellen).

3. Den Puderzucker in eine kleine Box mit Deckel geben, die Schoko-Macadamias zugeben. Die Box verschließen und schütteln, bis die Macadamianüsse rundum mit Puderzucker umhüllt sind. Sie sind gut 3 Wochen haltbar.

Gesalzene Macadamianüsse verwenden

Falls Sie im lokalen Handel keine ungesalzenen Exemplare finden, dann kaufen Sie einfach gesalzene Macadamias und gehen vor wie folgt: Nüsse in ein Sieb geben, das Salz mit Wasser abspülen und abtropfen lassen. Auf einem Backblech verteilen und im Backofen 10 Minuten bei 120 °C trocknen lassen. Das Blech herausnehmen und die Nüsse auf Tellern abkühlen lassen.

41

Rotweinkuchen ♥

MIT SCHOKONÜSSEN

Bei diesem saftigen Rotweinkuchen lassen sich alle Arten von Schokonüssen verwenden, die man auf dem Volksfest kaufen kann und natürlich auch die Schoko-Ingwer-Erdnüsse sowie die Schoko-Chili-Macadamias in diesem Buch, nur sollte es immer eine Sorte sein.

ZUTATEN
für 20 Scheiben

250 g sehr weiche Butter + etwas Butter für die Form
150 g Schokonüsse selbst gemacht (siehe Rezepte Seite 40 bzw. 41) oder vom Volksfest
1 Prise Salz
200 g Zucker
4 Eier (Größe M, zimmerwarm)
250 g Mehl
½ TL Zimt
2 TL Kakao
½ Pkg. Backpulver (8 g)
125 ml Rotwein

Dekor:
1 EL Puderzucker oder Schokoladenglasur (nach Packungsanweisung verwenden)

Kastenbackform (30 × 10 cm)

Zubereitungszeit:
30 Minuten ohne Back- und Auskühlzeiten

1. Eine Kastenform dünn mit Butter einfetten. Den Boden der Form mit einer Lage Backpapier auslegen. Die Schokonüsse grob hacken.

2. Den Backofen auf 180 °C (160 °C Umluft) vorheizen. Weiche Butter, Salz und Zucker mit den Quirlen des Handrührgeräts gut 5 Minuten luftig aufschlagen. Die Eier nach und nach einzeln zur Buttermasse geben und untermixen, dann die Masse weitere 2 Minuten aufschlagen.

3. Mehl, Zimt, Kakao und Backpulver sieben und mit einem Schneebesen unter die Buttermasse heben. Die Schokonüsse und den Rotwein unterrühren. Den Teig in die Kastenform füllen und gleichmäßig verstreichen. Den Kuchen im vorgeheizten Ofen 50–60 Minuten backen (Stäbchenprobe!).

4. Den Rotweinkuchen noch warm aus der Form stürzen und auf einem Kuchengitter auskühlen lassen. Zum Servieren den Kuchen mit Puderzucker bestäuben oder mit Schokoladenglasur überziehen.

Kokoskuppeln

ZUTATEN

für 15 Stück

350 g Zartbitterkuvertüre
150 g ungesüßte Kokosmilch
1 Ei (Größe L)
1 Prise Salz
60 g Zucker
80 g Kokosraspel (keine groben!)
2 große Waffelblätter (23 × 29 cm)
10 g Kokosfett

Spritzbeutel mit großer Lochtülle
(17–19 mm)
runde Ausstechform 5 cm ⌀

Zubereitungszeit:
1 Stunde ohne Wartezeiten

1. Die Kuvertüre fein hacken. 150 g davon in eine Schüssel füllen, den Rest beiseitestellen. Die Kokosmilch in einem Topf aufkochen, über die Kuvertüre gießen und mit einem Schneebesen rühren, bis die Kuvertüre geschmolzen ist. Abdecken und kalt stellen.

2. Auf Backpapier 15 Kreise à 5 cm ⌀ zeichnen und umgedreht auf das Backblech legen. Ei trennen. Eiweiß und Salz mit Quirlen des Handrührgeräts steif schlagen, dabei den Zucker einrieseln lassen und die Masse cremig aufschlagen. Dann das Eigelb kurz unterschlagen und die Kokosraspel mit einem Teigschaber unterheben.

3. Den Backofen auf 180 °C (160 °C Umluft) vorheizen. Kokosmasse in einen Spritzbeutel mit großer Lochtülle (17–19 mm) füllen und 15 dicke Tupfen auf die aufgezeichneten Kreise am Backpapier spritzen (eventuell Spitzen mit dem Finger flach drücken). Kokosmakronen 8–10 Minuten backen (sie dürfen leicht bräunen) und auf dem Backblech komplett auskühlen lassen.

4. Aus den Waffelblättern mithilfe einer runden Ausstechform (5 cm ⌀) 30 Kreise ausstechen. Restliche Kuvertüre und Kokosfett auf dem Wasserbad schmelzen (bei ca. 60 °C, ggf. mithilfe eines Backthermometers prüfen). Dabei gelegentlich umrühren und darauf achten, dass kein Wasser in die Kuvertüre spritzt. 15 Waffelkreise auf der glatten Seite mit Kuvertüre bepinseln und einen zweiten Kreis mit der glatten Seite daraufsetzen, auf Backpapier legen. Die Schoko-Kokos-Creme nur einmal kurz durchrühren (sonst wird sie zu fest), in einen Spritzbeutel mit großer Lochtülle füllen und auf jeden Waffelboden einen dicken Tupfen spritzen. Die Kokosmakronen aufsetzen und festdrücken, bis die Schoko-Kokos-Creme am Waffelrand erscheint. Kokoskuppeln 10 Minuten kalt stellen.

5. Die Kuvertüre nochmals auf dem Wasserbad erwärmen und die Kokoskuppeln von unten bis zur Kokosmakrone in die Kuvertüre tauchen. Abtropfen lassen, auf Backpapier setzen und fest werden lassen. Die Kokoskuppeln nach Belieben mit etwas übrig gebliebener Kuvertüre besprenkeln. Sie halten sich in einer luftdicht schließenden Dose kühl gelagert etwa 1 Woche.

MEINE TIPPS

Für einen dickeren Waffelboden einfach 2–3 Waffelkreise mehr pro Kokoskuppel ausstechen und mit Kuvertüre zusammenkleben.

Wenn man mehr Kuvertüre nimmt und den Rest anderweitig weiterverarbeiten kann, ist es einfacher, die Kuppeln in Schokolade zu tauchen.

Kokos-Himbeer-Schichtdessert

Kokoskuppeln sind in Deutschland möglicherweise nicht so bekannt, aber in Österreich ein sehr beliebtes Süßgebäck. Es gibt auch Varianten, bei der die Kuppel zwischen Waffelboden und Kokosmakrone mit einer Nougatcreme gefüllt wird. Egal wie, sie schmecken köstlich, und wenn Sie nicht alle verputzen, dann kommt dieses fruchtige Dessert wie gerufen!

ZUTATEN

für 4–6 Portionen

350 g frische Himbeeren
2 EL Zucker
2 EL Zitronensaft
200 g Kokoskuppeln selbst gemacht
oder vom Volksfest
150 g Mascarpone
200 g Sahne
1 Pkg. Bourbon-Vanillezucker

Glasschüssel (etwa 1,3 l Fassungs-vermögen)

Zubereitungszeit:
45 Minuten ohne Wartezeit

1. 100 g schöne Himbeeren beiseitestellen. 250 g Himbeeren, Zucker und Zitronensaft in einen kleinen Topf geben, mit einer Gabel zerdrücken und kurz aufkochen. Die Himbeeren durch ein Sieb passieren und auskühlen lassen. (Wenn die Kerne nicht stören, kann man die Sauce auch verwenden, ohne sie zu passieren.)

2. Die Kokoskuppeln in kleine Stücke schneiden. Mascarpone, Sahne und Vanillezucker in einer Rührschüssel mit den Quirlen des Handrührgeräts cremig aufschlagen.

3. Den Boden einer Glasschüssel mit einem Teil der Kokoskuppelstreusel bedecken, die Hälfte der Mascarponecreme darauf verteilen und die kalte Himbeersauce auf die Creme geben. Die restlichen Kokoskuppelstreusel auf der Himbeersauce verstreuen, darauf die restliche Mascarponecreme verteilen und mit den übrigen Himbeeren dekorieren.

4. Das Schichtdessert für 1–2 Stunden kalt stellen und am besten noch am gleichen Tag aufessen.

MEIN TIPP

Man kann das Dessert auch in breiten Wasser-
gläsern als einzelne Portionen anrichten.
Das macht sich zum Beispiel bei einem Buffet
sehr gut. Auch sehr hübsch ist, die Gläser oder
den Tisch mit Himbeerzweigen zu dekorieren.

FRUCHTIGE
Popcorn-Schokopralinen

Wenn etwas vom Volksfest gerne mal übrig bleibt, dann ist es Popcorn.
Dies hier ist eine wunderbare und zugleich leckere Methode, solche Reste
zu verwerten. In diesem Fall starten Sie einfach mit Schritt 2 im Rezept.

▶ ZUTATEN
für 12 Stück

2 EL Speiseöl
50 g Popcornmais
20 g gefriergetrocknete Erdbeeren
200 g Zartbitterkuvertüre oder
weiße Kuvertüre
10 g Kokosfett

12 Cupcake-Papierförmchen

🕐 *Zubereitungszeit:*
50 Minuten

1. Speiseöl und Popcornmais in einen großen Topf geben, den Deckel auflegen und bei mittlerer Hitze erwärmen. Ab und zu den Topf etwas schütteln. Wenn der Mais laut aufpoppt, den Herd ausschalten und warten, bis der ganze Mais aufgepoppt ist. Das Popcorn in eine Schüssel umfüllen und abkühlen lassen.

2. Die gefriergetrockneten Erdbeeren grob hacken.

3. Kuvertüre und Kokosfett fein hacken, in eine größere Metallschüssel geben, die auf einen weiten Topf passt, und auf dem Wasserbad schmelzen (bei ca. 60 °C, ggf. mithilfe eines Backthermometers prüfen). Dabei gelegentlich umrühren und darauf achten, dass kein Wasser in die Kuvertüre spritzt.

4. Gefriergetrocknete Beeren und Popcorn zur geschmolzenen Kuvertüre geben, alles so lange umrühren, bis Popcorn und Erdbeerstückchen rundum mit Kuvertüre bedeckt sind.

5. Die Masse gleichmäßig mit einem Esslöffel auf 12 Papierförmchen verteilen und fest werden lassen, dazu eventuell kurz in den Kühlschrank stellen. Die Popcornpralinen halten sich trocken gelagert etwa 1 Woche.

MEIN TIPP

Mit Erdbeeren schmecken die Popcornpralinen zwar wirklich hervorragend, aber auch mit allen anderen (gefrier)getrockneten Früchten sind sie ein echter Leckerbissen. Probieren Sie zum Beispiel auch mal gefriergetrocknete Himbeeren oder getrocknete Cranberrys.

KAPITEL 3

IN DER ZUCKER

Achterbahn

Fruchtgummi

▶ ZUTATEN
für etwa 30 Stück

Orange:
100 ml frisch gepresster Orangensaft
100 g Gelierzucker (1:1)
1 Pkg. Agar-Agar-Pulver (10 g)
evtl. 2 EL Kristallzucker

Erdbeere:
150 g frische Erdbeeren
100 g Gelierzucker (1:1)
2 EL Zitronensaft
1 Pkg. Agar-Agar-Pulver (10 g)
evtl. 2 EL Zucker

2 Silikonpralinenformen
(z. B. Herz, Rose oder Guglhupf
von RBV Birkmann)

🕐 Zubereitungszeit:
25 Minuten ohne Wartezeiten

Orange:
1. Orangensaft, Gelierzucker und Agar-Agar-Pulver in einem Topf verrühren und bei mittlerer Hitze etwa 2 Minuten kochen. Die heiße Flüssigkeit sofort 1 cm hoch in die Mulden der Silikonform gießen.

2. Den Fruchtgummi auskühlen lassen und danach etwa 4 Stunden im Kühlschrank kalt stellen.

3. Fruchtgummi aus der Form drücken und auf einer Lage Backpapier noch etwas trocknen lassen. Falls er sich nach ein paar Stunden noch klebrig anfühlt, Fruchtgummi rundum mit Zucker bestreuen.

4. Fruchtgummi bei trockener Raumtemperatur gut 48 Stunden trocknen lassen und dann erst verpacken (falls noch was übrig ist).

Erdbeere:
1. Erdbeeren putzen, waschen, trocken tupfen und in kleine Stücke schneiden. Mit dem Gelierzucker und Zitronensaft in einem Topf verrühren und einmal aufkochen lassen. Die Erdbeeren mit einer Gabel zerdrücken und durch ein feines Sieb passieren.

2. Die Erdbeersauce und das Agar-Agar-Pulver im Topf verrühren, einmal aufkochen lassen und ab da etwa 2 Minuten kochen. Die heiße Flüssigkeit sofort 1 cm hoch in die Mulden der Silikonform gießen.

3. Dann wie oben in Schritt 2 und 3 beschrieben weiter verfahren.

MEIN TIPP

Anstelle von Erdbeeren können auch Himbeeren oder Johannisbeeren verwendet werden. Agar-Agar geliert je nach Hersteller unterschiedlich, so wird der Fruchtgummi mal fester oder weicher.

Sahnige Karamellbonbons

Es braucht ein bisschen Erfahrung, bis man den Karamell in der perfekten Konsistenz kochen kann. Aber dann wird man mit wunderbar sahnigen Bonbons belohnt.

ZUTATEN
für ca. 50 Stück

200 g Zucker
2 EL Honig
80 g Butter
2 Prisen Salz
200 g Sahne

Zubereitungszeit:
30 Minuten ohne Wartezeiten

1. Ein Tablett mit Backpapier auslegen. Zucker, Honig, Butter und Salz in einer großen Pfanne bei schwacher Hitze schmelzen und unter ständigem, langsamem Rühren köcheln lassen, bis die Zuckermasse goldbraun ist.

2. Langsam die Sahne zugießen und etwa 6 Minuten weiterköcheln, bis die Zuckermasse dickflüssiger wird. Ab der 5. Minute mit einem Teelöffel Proben entnehmen, auf einen kalten Teller geben und testen, ob der Karamell schon fest wird (ähnlich wie die Gelierprobe beim Marmeladekochen). Je länger der Karamell kocht, umso fester werden die Bonbons.

3. Die Pfanne vom Herd nehmen und den noch recht flüssigen Karamell in der Pfanne etwas abkühlen lassen, dabei ab und zu umrühren. Wenn der Karamell nicht mehr breitläuft und fester wird, die Masse auf das mit Backpapier ausgelegte Tablett geben, mit einer Teigkarte zu einem Rechteck von etwa 15 × 20 cm zusammenschieben und komplett fest werden lassen.

4. Den Karamell mit einem schweren, geölten Messer oder mit einer großen, geölten Schere in 3 × 2 cm große Würfel schneiden.

5. Die Bonbons einzeln in Zellophan einpacken oder in einer flachen Dose zwischen Lagen von Backpapier aufbewahren.

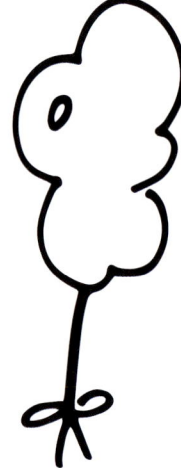

Schoko-Karamell-Cupcakes

Schokolade, Karamell, Erdnüsse, dazu das Salz auf den Nüssen – ein Gedicht!
Wenn mal gute Laune hermuss, sind diese unfassbar leckeren Muffins unschlagbar.

ZUTATEN
für 12 Stück

150 g sahnige Karamellbonbons
selbst gemacht oder vom Volksfest
150 g Zartbitterkuvertüre
160 ml Milch
160 g Zucker
125 g weiche Butter
1 Prise Salz
2 Eier (Größe M)
160 g Mehl
1 EL Kakao
1 gestr. TL Backpulver
120 g geröstete, gesalzene Erdnüsse

Schokoguss:
120 g Zartbitter- oder Vollmilch-
kuvertüre
10 g Kokosfett

Muffinform
12 Muffin-Papierförmchen

Zubereitungszeit:
1 Stunde ohne Wartezeiten

1. Den Backofen auf 180 °C (Umluft 160 °C) vorheizen. Die Karamell-bonbons halbieren. Die Mulden einer Muffinform mit Papierförmchen auslegen. Die Zartbitterkuvertüre grob hacken. Milch und 80 g Zucker in einem Topf aufkochen. Kuvertüre einrühren, unter Rühren schmelzen lassen und den Topf vom Herd nehmen.

2. Butter, Salz und den restlichen Zucker mit den Quirlen des Handrühr-geräts mehrere Minuten dickschaumig aufschlagen und nach und nach einzeln die Eier zugeben. Mehl, Kakao und Backpulver sieben. Die Mehl-mischung zur Buttermasse geben, kurz verrühren und dann die heiße Schokoladenmilch unterrühren.

3. Den Teig gleichmäßig auf die 12 Papierförmchen verteilen und im vorgeheizten Ofen 20 Minuten backen. Nach 15 Minuten Backzeit in jeden Cupcake ein halbes Karamellbonbon stecken, dazu das Bonbon leicht in den Teig drücken und fertig backen. Cupcakes noch lauwarm aus der Form nehmen und zum Abkühlen auf ein Kuchengitter setzen.

4. 90 g Karamellbonbons und 3 EL Wasser in einem Topf bei schwacher Hitze unter Rühren erhitzen. Wenn die Bonbons geschmolzen sind, die Erdnüsse zugeben, noch kurz auf dem Herd lassen und rühren. Dann die Karamellnüsse sofort mit zwei Teelöffeln auf den Cupcakes verteilen.

5. Für den Guss Kuvertüre und Kokosfett fein hacken und auf dem Wasser-bad schmelzen (bei ca. 60 °C, ggf. mithilfe eines Backthermometers prüfen). Dabei gelegentlich umrühren und darauf achten, dass kein Wasser in die Kuvertüre spritzt. Die Schokolade mit einem Pinsel auf den Cupcakes verteilen und fest werden lassen.

Marshmallows

Ein Klassiker, den man üblicherweise immer fertig kauft, dabei ist die Herstellung von eigenen Marshmallows eigentlich gar nicht so schwer! Diese typisch amerikanische Leckerei sollten Sie unbedingt ausprobieren.

ZUTATEN
für 40 Stück

2 Pkg. gemahlene Gelatine
(insgesamt 18 g)
80 g heller Rübensirup
1 TL frisch geriebene Zitronenschale
(oder Orangenschale)
2 Msp. gemahlene Vanille
350 g Puderzucker + 1 EL Puderzucker
1 EL Speisestärke
1–2 EL Speiseöl zum Einfetten

verstellbarer Backrahmen
(24 × 20 cm)

Zubereitungszeit:
30 Minuten ohne Wartezeit

1. Ein Backblech mit Backpapier auslegen und einen verstellbaren Backrahmen daraufstellen. Innenseite des Rahmens sowie das Backpapier innerhalb des Rahmens dünn einölen.

2. Die gemahlene Gelatine nach Packungsanweisung in einem Topf mit 120 ml kaltem Wasser einweichen. Rübensirup, Zitrusschale und Vanille zugeben und das Ganze erhitzen. Kurz bevor der Sirup kocht, den Topf vom Herd nehmen. Puderzucker in eine Schüssel geben, den heißen Gelatinesirup langsam angießen und dabei mit den Quirlen des Handrührgeräts einarbeiten. Die Masse etwa 6 Minuten schaumig schlagen. Die Marshmallow-Masse in den Backrahmen füllen, glatt streichen und in etwa 4 Stunden fest werden lassen.

3. Die Masse mit einem großen, geölten Messer mit glatter Klinge in 4 × 3 cm große Würfel schneiden. Die Speisestärke mit 1 EL Puderzucker mischen, über die Marshmallows sieben und diese damit dünn einpudern. Marshmallows trocken aufbewahren, sie schmecken frisch allerdings am besten!

MEIN TIPP
Wenn Sie lieber bunte Marshmallows haben möchten, einfach ein paar Tropfen Speisefarbe nach Wahl zugeben. Sehr hübsch sehen sie auch aus, wenn sie marmoriert sind. Dazu nur die Hälfte der Masse einfärben, unter die weiße Marshmallow-Masse heben und kurz verrühren.

Schokokuss-Dessert ♡

MIT ROTER KIRSCHGRÜTZE

Schaumküsse einmal ganz anders genießen! Dieses fruchtige und sahnig-süße Dessert ist schnell gemacht und wirklich einfach herzustellen. Einen Teil der Kirschen können Sie nach Belieben auch durch Beeren ersetzen.

▶ ZUTATEN

für 4–6 Portionen

1 Glas Sauerkirschen
(680 g Einwaage/350 g Abtropfgewicht)
15 g Speisestärke
150 g Schaumküsse selbst gemacht
oder vom Volksfest
200 g Sahne
nach Belieben 2–3 EL Schokoraspel

🕐 Zubereitungszeit:
30 Minuten ohne Auskühlzeit

1. Für die rote Grütze die Sauerkirschen in einem Sieb abgießen, dabei den Saft auffangen und bei Verwendung eines anderen Gebindes gegebenenfalls 330 ml abmessen. Den Kirschsaft mit der Speisestärke in einem Topf verrühren und unter Rühren aufkochen lassen. Den Topf vom Herd nehmen, 350 g Kirschen unterrühren und auskühlen lassen.

2. Von den Schaumküssen die Waffeln abschneiden und grob hacken. Die Schaumküsse vierteln. Die Sahne steif schlagen. Die gehackten Waffeln unterheben und dann die Schaumkussstücke unterrühren.

3. Das Dessert in Gläsern, Schälchen oder in einer größeren Schüssel anrichten. Als Erstes eine Schicht aus einem Drittel roter Grütze darin verteilen, dann die Hälfte der Schaumkusssahne daraufgeben, gefolgt vom zweiten Drittel Grütze. Die restliche Schaumkusssahne auf den Kirschen verteilen. Mit den restlichen Kirschen und nach Belieben mit Schokoraspeln garnieren.

MEIN TIPP

Das Dessert ist ein Highlight für jedes Picknick. Dazu die verschiedenen Schichten des Desserts einfach in Bügelverschluss- oder Twist-off-Gläser füllen und vor Ort mit Schokoraspeln »finalisieren«. Fröhliches Genießen!

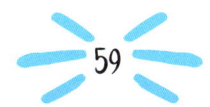

Marshmallow-Cheesecake

MIT BEEREN

Mal kein klassischer Käsekuchen, zum einen muss man ihn nicht backen,
zum anderen können Sie ihn durch die Zugabe unterschiedlicher
Beeren geschmacklich variieren.

▶ ZUTATEN

für 10 Stücke

Boden:
150 g Schokocookies
70 g Butter

Belag:
120 g Marshmallows selbst gemacht
oder vom Volksfest
200 g Frischkäse (Doppelrahmstufe)
300 g Sahne
350 g frische Beeren
(z. B. Blaubeeren, Erdbeeren,
Brombeeren, Johannisbeeren,
Himbeeren)
nach Belieben etwas frische Minze
oder Zitronenmelisse

Springform (20 cm ∅) oder
verstellbarer Tortenring (20 cm ∅)

🕐 *Zubereitungszeit:*
40 Minuten ohne Wartezeiten

1. In den Boden einer Springform ein Blatt Backpapier einspannen bzw. ein Backblech mit Backpapier auslegen und einen Tortenring daraufstellen. Zwei 35 cm lange und 7 cm breite Streifen Backpapier abschneiden und sie mit einem Hauch Butter an den Rand der Form kleben.

2. Für den Boden die Schokocookies in einen Gefrierbeutel geben. Den Beutel fest verschließen und die Kekse mithilfe einer Teigrolle fein zerbröseln. Brösel in eine Rührschüssel umfüllen. Die Butter in einem Topf zerlassen, zu den Bröseln geben und beides gut vermischen. Die Bröselmasse in der vorbereiteten Form verteilen und mit der Rückseite eines Löffels festdrücken, für mindestens 15 Minuten in den Kühlschrank stellen.

3. Für die Creme Marshmallows und 100 g Frischkäse in einem Topf bei schwacher Hitze stetig rühren, bis die Marshmallows geschmolzen sind. Die Masse in eine Rührschüssel umfüllen und den restlichen Frischkäse mit einem Schneebesen unterrühren, etwas abkühlen lassen.

4. Die Beeren waschen und trocken tupfen, zwei Drittel davon auf dem Keksboden verteilen.

5. Die Sahne mit den Quirlen des Handrührgeräts steif schlagen und vorsichtig unter die zimmerwarme Frischkäsemasse heben. Die Creme auf die Beeren in der Form geben und wellig verstreichen. Die Torte mit den restlichen Beeren dekorieren und mindestens 4 Stunden kalt stellen. Zum Servieren den Marshmallow-Cheesecake nach Belieben mit Minze oder Zitronenmelisse garnieren.

MEIN TIPP

Wer es bunt mag, kann die Eischneemasse nach Belieben mit etwas Speisefarbe einfärben und statt mit Kuvertüre mit bunten Cake Melts überziehen.

Meine Lieblings-Pausenbrotzeit in der Schule war eine Brezensemmel, gefüllt mit einem großen Schaumkuss!

Schokoküsse

ZUTATEN

für etwa 30 Stück

1 Waffelblatt (23 × 29 cm)
1 Blatt weiße Gelatine
2 frische Eiweiß (Größe M)
180 g Zucker + 1 EL Zucker
1 Prise Salz
180 g Zartbitterkuvertüre
15 g Kokosfett

runde Ausstechform à 3,5 oder
4 cm ⌀
Spritzbeutel mit großer Lochtülle
(15–17 mm)

Zubereitungszeit:
1 Stunde ohne Wartezeiten

1. Aus dem Waffelblatt mithilfe einer Ausstechform 30 Kreise ausstechen. Die Kreise auf einem mit Backpapier ausgelegten Tablett oder Backblech verteilen, jeweils Abstand lassen.

2. Für die Schaummasse die Gelatine nach Packungsanweisung in kaltem Wasser einweichen. Währenddessen das Eiweiß in einer fettfreien, hitzebeständigen Schüssel mit 1 EL Zucker und dem Salz mit den Quirlen des Handrührgeräts cremig schlagen. 180 g Zucker und 50 ml Wasser in einen kleinen Topf geben und aufkochen. Sobald der Zuckersirup anfängt zu kochen, noch genau 2 weitere Minuten weiterköcheln (der Sirup soll 117 °C haben und noch klar und etwas dickflüssig sein).

3. Den heißen Zuckersirup bei laufendem Rührgerät in einem dünnen Strahl zum Eischnee gießen, dann sofort die ausgedrückte Gelatine zugeben. Schaummasse 1 Minute weiterschlagen. Die Masse in einen Spritzbeutel mit großer Lochtülle füllen und auf jeden Waffelkreis einen dicken und hohen, sich nach oben leicht verjüngenden Tupfen spritzen. Die Spitzen mit dem nassen Finger flach drücken. Die Schaumküsse etwa 2–3 Stunden trocknen lassen.

4. Zartbitterkuvertüre und Kokosfett grob hacken und in einer Schüssel auf dem Wasserbad schmelzen (bei ca. 60 °C, ggf. mithilfe eines Backthermometers prüfen). Dabei gelegentlich umrühren und darauf achten, dass kein Wasser in die Kuvertüre spritzt.

5. Die Schokolade in eine kleine Schüssel oder Tasse füllen und die Schaumküsse nacheinander kopfüber in die Masse tauchen, etwas abtropfen lassen und auf dem mit Backpapier ausgelegten Tablett bzw. Blech trocknen lassen.

Pfefferminzbruch

Hier werden Kindheitserinnerungen wahr! Dies ist das Rezept,
um mal wieder so richtig in ihnen zu schwelgen.

▶ ZUTATEN
für 64 kleine Würfel

15 g Kokosfett
25 g heller Zuckerrübensirup
5–7 Tropfen Minzöl
(aus dem Reformhaus)
400 g Puderzucker
etwas rosa Speisefarbe

Zubereitungszeit:
30 Minuten ohne Wartezeiten

1. Das Kokosfett in Stückchen schneiden. Mit dem Zuckerrübensirup und 25 ml Wasser in einem kleinen Topf erhitzen, bis das Kokosfett geschmolzen ist. Den Topf vom Herd nehmen. Minzöl und Puderzucker unter die Flüssigkeit rühren.

2. Die Masse auf eine Arbeitsfläche geben und mit den Händen durchkneten, bis eine feste, glänzende Masse entstanden ist. Die Masse halbieren und eine Hälfte mit Speisefarbe rosa einfärben.

3. Beide Hälften zwischen jeweils zwei Lagen Frischhaltefolie auf etwa 16 × 16 cm ausrollen. Die Folie entfernen, die beiden Teigplatten aufeinanderlegen und auf einer mit Backpapier belegten Unterlage trocknen lassen. Nach 2 Stunden umdrehen und in 2 × 2 cm große Würfel schneiden. Die Würfel über Nacht trocknen lassen.

 Pfefferminztaler selber machen

Für Pfefferminztaler 25 g Pfefferminzbruch grob hacken. 100 g gehackte weiße Kuvertüre und 10 g Kokosfett in einer Schüssel auf dem Wasserbad schmelzen. Dabei ab und zu umrühren und darauf achten, dass kein Wasser in die Kuvertüre spritzt. Den gehackten Pfefferminzbruch unterheben und mit einem Teelöffel einzelne Portionen auf ein mit Backpapier ausgelegtes Backblech geben. Das Blech auf den Tisch klopfen, damit die Taler flacher werden, und diese fest werden lassen.

KAPITEL 4

IM FRÜCHTE
Paradies

Schokofrüchte

Wer es nicht nur süß, sondern auch gerne fruchtig und schokoladig mag, für den ist dieses Rezept genau das Richtige. Auch für einen Kindergeburtstag sind die Fruchtspieße toll! Trauben oder helle Kuvertüre passen ebenso gut.

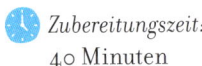

ZUTATEN

für 8 Fruchtspieße

200 g Zartbitterkuvertüre
15 g Kokosfett
200 g Erdbeeren
200 g Banane (ohne Schale)
10 g grobe Kokosraspel

8 Holzspieße

Zubereitungszeit:
40 Minuten

1. Zartbitterkuvertüre und Kokosfett grob hacken und in einer Schüssel auf dem Wasserbad schmelzen (bei ca. 60 °C, ggf. mithilfe eines Backthermometers prüfen). Dabei gelegentlich umrühren und darauf achten, dass kein Wasser in die Kuvertüre spritzt. Ein Backblech oder Tablett mit Backpapier auslegen.

2. Die Erdbeeren waschen, trocken tupfen und von Stiel und Blättern befreien. Bananen in 3–4 cm breite Scheiben schneiden und abwechselnd mit den Erdbeeren auf die Holzspieße stecken (pro Spieß 4–5 Fruchtstücke).

3. Einen Spieß mit Früchten über die Schüssel mit der geschmolzenen Kuvertüre halten, das hintere Spießende eventuell am Schüsselrand auflegen und mithilfe eines Esslöffels die Kuvertüre rundum über die Früchte gießen. Die Kuvertüre etwas abtropfen lassen und den Spieß auf das vorbereitete Backpapier legen. Nacheinander alle Fruchtspieße mit Kuvertüre überziehen, noch feucht mit Kokosraspeln bestreuen und trocknen lassen (eventuell kurz in den Kühlschrank geben). Die Schokofrüchte noch am gleichen Tag aufessen.

Brownie

150 g Mandeln oder Haselnüsse
250 g Zartbitterkuvertüre
250 g Butter
3 Eier (Größe M)
100 g Zucker
1 Prise Salz
100 g Mehl
1 EL Kakao
½ TL Backpulver

Backrahmen oder Auflaufform
(25 × 20 cm)

Zubereitungszeit:
35 Minuten ohne Wartezeiten

1. Mandeln oder Haselnüsse grob hacken, 120 g abwiegen. Die Kuvertüre fein hacken. Den Backofen auf 180 °C (160 °C Umluft) vorheizen.

2. Für den Brownieteig die Butter in einem Topf bei milder Hitze schmelzen lassen und vom Herd nehmen. Die gehackte Kuvertüre in der heißen Butter schmelzen. Eier, Zucker und Salz mit den Quirlen des Handrührgeräts einige Minuten dickschaumig aufschlagen. Die Butter-Schokoladen-Masse unterrühren. Mehl, Kakao und Backpulver sieben und mit 120 g Mandeln oder Haselnüssen unterheben.

3. Einen verstellbaren Backrahmen auf ein mit Backpapier ausgelegtes Backblech stellen und oder eine passende Auflaufform mit Backpapier auslegen. Die Browniemasse einfüllen, glatt streichen und mit den restlichen Mandeln oder Nüssen bestreuen. Brownie im vorgeheizten Ofen auf der mittleren Schiene etwa 20 Minuten backen.

4. In der Form abkühlen lassen und in Quadrate oder Rechtecke schneiden. Brownies schmecken warm und kalt zu jeder Tageszeit.

MEINE TIPPS

Falls man noch Fruchtspieße übrig hat, kann man die Fruchtstücke kurz vor dem Backen auf dem Teig verstreuen (große Fruchtstücke halbieren).

Für die Brownies lassen sich gut Schokoladenreste verwenden, die von anderen Rezepten übrig sind.

Kirschquarkstrudel

ZUTATEN

für 8 Portionen

Teig:
230 g Mehl + etwas zum Bestäuben
1 Ei (Größe M)
2 Prisen Salz
30 ml Speiseöl

Füllung:
2 Eier (Größe M)
1 kg Magerquark
100 g Zucker
1 Pkg. Vanillepuddingpulver
300 g entsteinte Sauerkirschen
(frisch, abgetropft aus dem Glas
oder tiefgefroren)

150 ml Milch
2 EL Zimt-Zucker
100 g weiche Butter für die Form

Auflaufform (ca. 35 × 25 cm)
sauberes Geschirrtuch

Zubereitungszeit:
45 Minuten ohne Wartezeiten

1. Für den Teig Mehl, Ei, Salz, Öl und 70 ml Wasser in eine Rührschüssel geben, mit den Knethaken des Handrührgeräts ausgiebig verkneten. Der Teig soll sich weich und elastisch anfühlen, nicht klebrig. Den Teig mit Mehl bestäuben, in Frischhaltefolie wickeln und bei Zimmertemperatur 1 Stunde ruhen lassen.

2. Die Auflaufform dick mit der ganzen Butter ausstreichen. Für die Füllung die Eier trennen, Eigelbe mit dem Quark verrühren. Zucker und Vanillepuddingpulver mischen. Eiweiße mit den Quirlen des Handrührgeräts steif schlagen, dabei die Zuckermischung einrieseln lassen. Den Eischnee unter den Quark heben.

3. Den Teig auf einer leicht bemehlten Arbeitsfläche auf 40 × 30 cm ausrollen. Geschirrtuch mit etwas Mehl bestäuben. Den Strudelteig nun so dünn wie möglich ausziehen, ohne dass er reißt (das Muster des Geschirr-tuchs sollte durchscheinen). Dazu den Teig in der Luft über beide Hand-rücken immer dünner ziehen und auf das Geschirrtuch legen. Den Teig an den Rändern mit den Fingern vorsichtig dünner ziehen, bis er etwa 60 × 40 cm groß ist.

4. Den Backofen auf 180 °C (160 °C Umluft) vorheizen. Die Quarkmasse in Richtung der langen Teigseite auf dem Teig verteilen, dabei seitlich einen Rand und in der Mitte eine Unterbrechung von 6 cm frei lassen, oben und unten 10 cm Rand frei lassen. Die Quarkmasse mit den Kirschen bestreuen. Die Seitenränder einschlagen, die untere Teighälfte über die Füllung einschlagen und den Strudel mithilfe des Geschirrtuchs aufrollen. Den Strudel in zwei Hälften teilen und die offenen Enden gut zudrücken. Die Strudel mithilfe des Geschirrtuchs in die Form heben, die Milch zugießen und im vorgeheizten Ofen auf der mittleren Schiene etwa 30 Minuten backen. Zwischendurch die Strudel mit der Milch-Butter-Mischung, die in der Form schwimmt, 1–2-mal bestreichen.

5. Den Kirschquarkstrudel mit etwas Zimt-Zucker bestreuen und warm oder kalt servieren.

SWEET

Paradiesäpfel

Man kennt ihn unter verschiedenen Namen: Paradiesapfel, Liebesapfel oder schlicht kandierter Apfel. Es handelt sich um DIE Volksfest-Süßigkeit schlechthin.

ZUTATEN

für 8–10 Stück

8–10 kleine Äpfel (à 100 g)
450 g Zucker
50 g heller Zuckerrübensirup
2–3 Msp. rote Speisefarbenpaste

8–10 Holzspieße + Holzspieße
für die Lollis

Zubereitungszeit:
30 Minuten

1. Die Äpfel waschen, trocken tupfen und in jeden Apfel von oben einen Holzspieß stecken. Ein Backblech mit Backpapier auslegen.

2. Zucker, Zuckerrübensirup und 100 ml Wasser in einem nicht zu kleinen Topf bei mittlerer Hitze unter Rühren aufkochen. Sobald der Zucker sprudelnd kocht, exakt 6 Minuten weiterkochen (bei 140 °C, ggf. ein Zuckerthermometer verwenden). Dann den Topf vom Herd nehmen. Speisefarbe zugeben und unterschwenken. Den Topf etwas schräg stellen und die Äpfel im Sirup wenden. Abtropfen lassen und auf das mit Backpapier ausgelegte Blech setzen. Achtung: Der Zucker ist sehr, sehr heiß.

3. Aus dem übrigen Sirup Lollis herstellen. Dazu weitere Holzspieße mit ausreichend Abstand dazwischen auf dem Backpapier verteilen und den restlichen Zuckersirup auf die Stielspitzen gießen (ist der Sirup inzwischen zu fest geworden, auf dem Herd nochmals erwärmen).

4. Sobald der Zucker hart ist, Äpfel und Lollis in luftdicht schließende Behältnisse geben (an der Luft werden sie je nach Luftfeuchtigkeit schnell klebrig).

MEIN DEKOTIPP

Wenn Gäste kommen, für die Äpfel statt Holzspießen kleine saubere Äste verwenden und als Tischkarte daran ein hübsches Papieretikett mit Namen binden.

In Zellophan eingeschlagen sind die Äpfel ein super Mitbringsel.

Party-Eis am Stiel

MIT KANDIERTEN FRÜCHTEN

Die kleinen Mini-Parfaits sind optimal geeignet, um größere Mengen kandierte Früchte vom Volksfest zu verwerten.

ZUTATEN
für etwa 20 Stück

30 g gehobelte Mandeln
80 g kandierte Früchte vom Volksfest
100 g weiße Kuvertüre
200 g Sahne
1 Eigelb (Größe M)
1 EL Rum (oder Wasser)
1 Prise Salz

etwa 20 Party-Holzspieße (je nach Form(en) evtl. auch mehr)
Eiswürfelform, kleine Cupcakeform oder Mini-Canelleform aus Silikon (alternativ die Mulden einer Cupcakeform mit Papierförmchen auslegen)

Zubereitungszeit:
30 Minuten
Gefrierzeit:
6 Stunden

1. Die gehobelten Mandeln in einer Pfanne ohne Fettzugabe zartbraun rösten. Auf einen Teller geben, abkühlen lassen. Die kandierten Früchte sehr fein hacken. Die abgekühlten Mandeln auf die Mulden der Form verteilen.

2. Die Kuvertüre fein hacken und in eine Schüssel geben. 50 g Sahne in einem Topf aufkochen, zur Kuvertüre geben und rühren, bis die Kuvertüre geschmolzen ist. Die kandierten Früchte unterrühren.

3. In einer weiteren Schüssel Eigelb und Rum mit Quirlen des Handrührgeräts schaumig schlagen und unter die Schokoladenmasse heben. Die restliche Sahne steif schlagen und unter die Schokoladen-Eigelb-Masse heben.

4. Die Eismasse gleichmäßig auf die Mulden der Form verteilen und die Form mindestens 6 Stunden einfrieren. Nach 1 Stunde die Holzstäbchen in die Parfaits stecken.

5. Die Parfaits aus der Form lösen, auf gekühlte Teller stellen und servieren. Die Parfaits lassen sich gut vorbereiten und halten sich tiefgekühlt etwa 1 Woche.

MEIN TIPP
Statt der Mini-Parfaits können Sie das Parfait auch in einer kleinen Kastenform zubereiten. Dazu die Form mit Frischhaltefolie auslegen, die Parfaitmasse hineinfüllen und einfrieren. Zum Servieren das Parfait in Scheiben schneiden.

Englischer Teekuchen

ZUTATEN

für 1 Kuchen (ca. 20 Scheiben)

200 g kandierte Früchte vom Volksfest
(z. B. Ingwer, Kirschen, Ananas, Kiwi,
Mango, Papaya)
100 g Cranberrys (oder Rosinen)
100 g gehobelte Mandeln
200 g sehr weiche Butter + etwas
für die Form
150 g Zucker
1 Prise Salz
4 Eier (Größe M)
150 g Mehl
2 TL Backpulver
50 g Speisestärke
60 ml Whisky (oder kalter schwarzer
Tee)

Dekoration:
2 EL Aprikosenkonfitüre
200 g Marzipanrohmasse
1 EL Puderzucker + etwas zum Ausrollen

Kastenform (30 cm)
evtl. Schablone oder Spitzendeckchen aus Papier bzw. Stoff

Zubereitungszeit:
40 Minuten ohne Wartezeiten

1. Die kandierten Früchte in kleine Stücke schneiden. Zusammen mit den Cranberrys bzw. Rosinen mit 200 ml kochendem Wasser übergießen und 1–2 Stunden ziehen lassen.

2. Die Kastenform mit Backpapier auslegen (das Backpapier mit etwas Butter in die Form kleben). Den Backofen auf 180 °C (160 °C Umluft) vorheizen.

3. Für den Rührteig die eingeweichten Früchte in einem Sieb abtropfen lassen und mit den Mandeln mischen. Weiche Butter, Zucker und Salz in eine Rührschüssel geben, mit den Quirlen des Handrührgeräts mehrere Minuten dickschaumig aufschlagen. Die Eier nacheinander zugeben und weiterschlagen. Mehl, Backpulver und Speisestärke sieben und mit einem Teigschaber unterheben. Zum Schluss die Früchtemischung unterheben.

4. Den Teig gleichmäßig in der Kastenform verteilen und etwa 1 Stunde auf der mittleren Schiene backen (Stäbchenprobe!). Gegen Ende der Backzeit die Temperatur um 10 °C reduzieren und den Kuchen eventuell mit Alufolie abdecken. Den Kuchen zum Abkühlen auf ein Kuchengitter stellen und noch heiß mit Whisky oder Tee beträufeln. Kuchen lauwarm aus der Form stürzen, komplett abkühlen lassen und das Backpapier abziehen.

5. Zum Dekorieren den Kuchen auf eine Kuchenplatte stellen, eventuell vorher gerade schneiden. Die Aprikosenkonfitüre glatt rühren und den Kuchen mithilfe eines Backpinsels dünn damit bestreichen. Das Marzipan durchkneten und auf einer leicht mit Puderzucker bestäubten Arbeitsfläche unter einer Lage Frischhaltefolie auf 27 × 20 cm ausrollen. Die Marzipandecke mithilfe des Nudelholzes über den Kuchen legen und mit den Fingern etwas andrücken (an den Kuchenenden ist kein Marzipan).

6. Zum Verzieren eine Schablone oder ein Spitzendeckchen auf den Kuchen legen, mit Puderzucker bestäuben und vorsichtig ablösen. Der Teekuchen hält sich kühl und trocken gelagert 4–5 Tage.

Apfelküchle

IM FESTBIER-TEIG

Die Volksfest-Version der Apfelküchle kommt – wie könnte es anders sein – nicht im normalen Teig, sondern im Bierteig daher. Und es handelt sich auch nicht um normales Bier, sondern – natürlich – um Festbier. Sollten Sie keines zur Hand haben, tut es »normales« Bier – ausnahmsweise – auch …

ZUTATEN
für ca. 15 Stück

3 knackige, säuerliche Äpfel à 180 g
(z. B. Braeburn)
1 TL Zucker
1 Prise Salz
2 Eier (Größe M)
125 g Festbier
180 g Mehl
1 Msp. geriebene Tonkabohne
oder Vanilleschote
200 g Frittierfett bzw. -öl oder
Sonnenblumenöl
2 EL Butterschmalz
2 EL Zimt-Zucker

große Lochtülle oder kleiner runder
Ausstecher

Zubereitungszeit:
45 Minuten

1. Die Äpfel schälen, in etwa 1 cm dicke Scheiben schneiden und das Kerngehäuse mit einer großen Lochtülle oder einem kleinen runden Ausstecher ausstechen.

2. Zucker, Salz, Eier und 80 g Bier in einer Schüssel verrühren. Mehl und Tonkabohne oder Vanille zugeben, mit einem Schneebesen glatt rühren und das restliche Bier unterrühren.

3. Fett bzw. Öl und Butterschmalz in einer Pfanne erhitzen. Die Apfelringe im Teig wenden, etwas abtropfen lassen und vorsichtig in das heiße Fett legen. Von beiden Seiten portionsweise goldbraun ausbacken, dabei nach 3–4 Minuten mithilfe zweier Gabeln wenden. Fertige Apfelküchle auf Küchenpapier legen und abtropfen lassen.

4. Die Apfelküchle am besten noch lauwarm mit Zimt-Zucker bestreuen und servieren. Dazu passt gut Vanilleeis oder Vanillesauce.

KAPITEL 5

IM MEHLSPEISEN

Prater

Germknödel

Ein herrliches Hefeteiggebäck – Hefe heißt in Süddeutschland
und Österreich Germ –, gefüllt mit Pflaumenmus, gegart in Dampf
und gegessen mit Messer und Gabel.

ZUTATEN

für 4 Germknödel

225 g Mehl + Mehl zum Bestäuben
12 g frische Hefe
100 ml zimmerwarme Milch
1 Eigelb (Größe M)
1 TL Zucker
2 Prisen Salz
120 g zimmerwarme Butter + Butter
für den Einsatz
80 g Pflaumenmus
50 g frisch gemahlener Mohn
50 g Puderzucker
evtl. Pflaumenmus und Vanillesauce
zum Servieren

großer Topf mit Dämpfeinsatz

Zubereitungszeit:
40 Minuten ohne Wartezeiten

1. Für den Hefeteig das Mehl in eine Schüssel geben und eine Mulde in das Mehl drücken. Hefe in die Mulde bröseln und mit der Milch verrühren. Den Hefeansatz mit Mehl zudecken und 30 Minuten bei Zimmertemperatur gehen lassen.

2. Eigelb, Zucker, Salz und 20 g Butter zum Hefeansatz geben und mit den Knethaken des Handrührgeräts oder in einer Küchenmaschine 5 Minuten verkneten. Die Schüssel mit einem sauberen Geschirrtuch abdecken und bei Zimmertemperatur weitere 30 Minuten gehen lassen.

3. Den Hefeteig auf eine mit Mehl bestäubte Arbeitsfläche geben, etwas flach drücken. Teig auf 20 × 20 cm ausrollen und in 4 Quadrate schneiden. Das Pflaumenmus auf den Teigquadraten verteilen. Die Teigecken über der Füllung übereinanderschlagen und sehr gut zusammendrücken, sodass ein kleines Beutelchen entsteht. In den Händen etwas rund formen, mit der glatten Seite nach oben auf die bemehlte Arbeitsfläche setzen. Nochmals mit dem Geschirrtuch abdecken und 40 Minuten gehen lassen.

4. Einen großen Topf mit Dämpfeinsatz auf den Herd stellen und je nach Größe des Einsatzes 1–2 Germknödel (sie werden beim Garen deutlich größer) in den leicht gefetteten Einsatz legen. Germknödel nacheinander je 15 Minuten bei leicht köchelndem Wasser und geschlossenem Deckel garen.

5. Gemahlenen Mohn mit Puderzucker mischen. Restliche Butter schmelzen. Germknödel in warme tiefe Teller legen, mit der flüssigen Butter begießen und großzügig mit der Mohnmischung bestreuen. Man kann dazu auch noch Pflaumenmus und Vanillesauce reichen.

MEIN TIPP

Wer keinen Dampfeinsatz hat, kann die Germknödel auch kochen. Dazu einen großen Topf
halbvoll mit Wasser füllen, 1 TL Salz zugeben.
Erhitzen und je zwei Germknödel in das köchelnde
Wasser gleiten lassen. Bei geschlossenem Deckel
15 Minuten simmern lassen.

Rohrnudeln

Wiesnzeit ist in Bayern Rohrnudelzeit. Es gibt sie gefüllt und auch ungefüllt. Als Füllung eignet sich auch Pflaumenmus sehr gut. Ihren Namen haben sie vom Rohr bzw. Backofen, in dem sie gebacken werden.

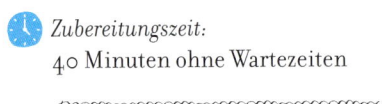

ZUTATEN

für 12 Stück

300 g getrocknetes Back- bzw. Mischobst (Apfelscheiben, Aprikosen, Pflaumen und Birnen)
480 g Mehl + Mehl zum Bestäuben
25 g frische Hefe
225 ml zimmerwarme Milch
1 Ei (Größe M)
50 g Rohrzucker
½ gestr. TL Salz
100 g zimmerwarme Butter
150 g Sahne

🕐 Zubereitungszeit:
40 Minuten ohne Wartezeiten

1. Getrocknete Früchte mit 200 ml kochendem Wasser übergießen und mindestens 2 Stunden ziehen lassen.

2. Für den Hefeteig das Mehl in eine Rührschüssel geben, eine Mulde in das Mehl drücken. Die Hefe in die Mulde bröseln und mit 100 ml Milch verrühren. Den Hefeansatz mit Mehl zudecken und 30 Minuten bei Zimmertemperatur gehen lassen.

3. Restliche Milch, Ei, 30 g Rohrzucker, Salz und 50 g Butter zum Hefeansatz geben und mit den Knethaken des Handrührgeräts oder in einer Küchenmaschine 5 Minuten verkneten. Die Schüssel abdecken und den Hefeteig bei Zimmertemperatur nochmals 40 Minuten gehen lassen.

4. Den Teig auf eine mit Mehl bestäubte Arbeitsfläche legen und auf 30 × 40 cm ausrollen. Teig kurz ruhen lassen, die Früchte abgießen. Dann den Teig in 12 Stücke schneiden. Je 2 eingeweichte Früchte bzw. Fruchtstücke auf den Teigquadraten verteilen. Die Teigecken über der Füllung fest zusammendrücken, sodass ein kleines Beutelchen entsteht.

5. Eine Auflaufform dick mit der restlichen Butter einfetten. Die einzelnen Teigbeutelchen mit der glatten Seite nach oben in die Form legen (z. B. 3 Reihen à 4 Rohrnudeln). Die Sahne auf die Rohrnudeln streichen und mit dem restlichen Rohrzucker bestreuen. Die Rohrnudeln bei Zimmertemperatur 45 Minuten gehen lassen.

6. Den Backofen auf 180 °C (160 °C Umluft) vorheizen. Die Rohrnudeln auf der mittleren Schiene im Ofen etwa 30 Minuten goldbraun backen. Sie schmecken am besten lauwarm zusammen mit dem restlichen eingeweichten Backobst. Nach Belieben Vanillesauce oder Vanilleeis dazu servieren.

Crêpes

Die langen Schlangen vor den Crêpes-Ständen am Volksfest sprechen für sich – die dünnen Pfannkuchen sind zwar ausgesprochen lecker, aber nicht so ganz einfach selbst zu machen. Probieren Sie es einfach mal aus, so schwierig ist es dann doch wieder nicht und Sie haben den Dreh bald raus!

ZUTATEN
für 8–10 Crêpes

120 g Mehl
1 Prise Salz
150 ml Milch
120 g Sahne
2 Eier (Größe M)
etwas Speiseöl

Füllung nach Belieben:
Zimt und Zucker
Nussnougatcreme
Konfitüre
fein geriebener Käse

Zubereitungszeit:
30 Minuten ohne Wartezeit

1. Mehl, Salz und Milch mit einem Schneebesen klümpchenfrei verrühren. Sahne und Eier zugeben und alles zu einem glatten Teig verschlagen. Den Teig 30 Minuten bei Zimmertemperatur quellen lassen.

2. Eine mittelgroße, beschichtete Pfanne fetten, dazu ein Blatt Küchenpapier in Öl tauchen und die Pfanne damit dünn bestreichen. Die Pfanne bei mittlerer Temperatur erhitzen. Den Teig in einen Messbecher füllen.

3. Etwas Teig in die Pfanne gießen und in der Pfanne verschwenken, bis die ganze Pfannenfläche dünn mit Teig bedeckt ist. Crêpes von jeder Seite etwa 1 Minute goldgelb backen (das Umdrehen klappt gut mithilfe eines Silikon-Teigschabers). Den Vorgang wiederholen, bis alle Crêpes ausgebacken sind. Die fertigen Crêpes auf einem Teller stapeln.

4. Die Crêpes nach Belieben süß oder pikant füllen und servieren.

Kaiserschmarrn

Der Kaiserschmarrn schmeckt gut mit Apfelmus oder Zwetschgenkompott – wenn Sie Zeit und Lust haben, gerne selbst gemacht. Falls Sie keine Rosinen mögen, lassen Sie sie einfach weg.

ZUTATEN

für 2 Portionen

30 g Rosinen
2 EL Rum
80 g Mehl
1 Msp. geriebene Vanille
150 ml Milch
2 Eier (Größe M)
1 Prise Salz
25 g Zucker
40 g Butter
3 EL Puderzucker

große Pfanne mit Deckel

Zubereitungszeit:
30 Minuten ohne Wartezeit

1. Die Rosinen in Rum und 3 EL heißem Wasser einweichen. Mehl und Vanille mit der Milch klümpchenfrei verrühren und 15 Minuten stehen lassen.

2. Die Eier trennen. Eiweiße mit den Quirlen des Handrührgeräts steif schlagen, dabei den Zucker einrieseln lassen und 1 Minute weiterschlagen. Eigelbe zugeben und unterschlagen. Mehl-Milch-Mischung zugeben und mit dem Schneebesen untermischen. Die Rosinen in ein Sieb geben und abtropfen lassen.

3. Etwas Butter in einer großen Pfanne schmelzen. Den Teig in die Pfanne gießen, ein wenig verteilen und mit den abgetropften Rosinen bestreuen. Den Deckel auf die Pfanne legen und die Masse bei schwacher Hitze etwa 5 Minuten stocken lassen.

4. Die Masse vierteln, etwas Butter in die Pfanne geben, die Teigviertel wenden und nochmals mit aufgelegtem Deckel 5 Minuten stocken lassen. Mit einem Holzspatel den Kaiserschmarrn in kleinere Stücke rupfen, die restliche Butter zugeben und mit 2 EL Puderzucker bestäuben. Nun den Kaiserschmarrn rundum goldbraun anbraten. Den Kaiserschmarrn mit dem restlichen Puderzucker bestäuben und heiß servieren.

MEINE TIPPS
Die Biskuitschalen können gut am Vortag vorbereitet werden. Als Variante kann man in die Sahne noch je eine Himbeere oder entsteinte Kirsche drücken, bevor man die zweite Biskuithälfte auf die Sahne setzt.

Schoko-Sahne-Küsse

MIT FEINEM BISKUIT

ZUTATEN

für 10–12 Stück

Biskuit:
2 Eier (Größe M)
1 Prise Salz
50 g Zucker
50 g Mehl
1 EL Puderzucker

Glasur:
120 g Zartbitterkuvertüre
15 g Kokosfett

Füllung:
1 TL Zucker
1 TL Sahnesteif
200 g Sahne

Spritzbeutel mit großer Lochtülle (15 mm) und großer Sterntülle
12 Muffin-Papierförmchen

Zubereitungszeit:
60 Minuten ohne Wartezeiten

1. Den Backofen auf 180 °C (160 °C Umluft) vorheizen. Zwei Backbleche mit Backpapier auslegen.

2. Für den Biskuit die Eier trennen. Eiweiße und Salz mit den Quirlen des Handrührgeräts steif schlagen, dabei den Zucker einrieseln lassen. Noch 1 weitere Minute schlagen. Eigelbe zugeben und kurz weiterschlagen. Das Mehl mit einem Schneebesen unterheben, dabei nicht unnötig rühren, sodass die Biskuitmasse schön luftig bleibt.

3. Die Biskuitmasse in einen Spritzbeutel mit großer Lochtülle (15 mm) füllen. Etwa 20–24 dicke, runde Tupfen à 5–6 cm ⌀ auf das Backpapier spritzen und mit etwas Puderzucker bestäuben. Biskuits 12–15 Minuten zartbraun backen. Idealerweise bei Umluft backen, dann kann man beide Bleche gleichzeitig backen, sonst nacheinander. Biskuits auf den Blechen vollständig auskühlen lassen.

4. Für die Glasur Zartbitterkuvertüre und Kokosfett fein hacken und auf dem Wasserbad schmelzen (bei ca. 60 °C, ggf. mithilfe eines Backthermometers prüfen). Dabei gelegentlich umrühren und darauf achten, dass kein Wasser in die Kuvertüre spritzt.

5. Die Biskuits kopfüber (mit der runden Seite) in die Kuvertüre tauchen, abtropfen lassen und auf Backpapier absetzen. Kuvertüre fest werden lassen (evtl. kurz in den Kühlschank stellen).

6. Für die Füllung Zucker und Sahnesteif mischen. Sahne steif schlagen, dabei die Zuckermischung einrieseln lassen. Die steif geschlagene Sahne in einen Spritzbeutel mit großer Sterntülle füllen. Die Hälfte der Biskuit-schalen mit der runden Seite nach unten in die Papierförmchen legen, je einen dicken Tupfen Sahne daraufspritzen. Die anderen Hälften mit der Schokoladenseite nach oben auf die Sahne setzen. Die Schoko-Sahne-Küsse bald servieren.

Auszogne

300 g Mehl + Mehl zum Bestäuben
20 g frische Hefe
150 ml zimmerwarme Milch
2 Eigelb (Größe M)
1 TL Zucker
½ TL Zitronenschale
1 Msp. geriebene Vanille
½ gestr. TL Salz
30 g zimmerwarme Butter
etwa 250 g neutrales Frittierfett +
250 g Butterschmalz zum Frittieren
2–3 EL Puderzucker zum Bestäuben

tiefe mittelgroße Pfanne

Zubereitungszeit:
1 Stunde ohne Wartezeiten

1. Für den Hefeteig Mehl in eine Rührschüssel geben, eine Mulde in das Mehl drücken. Hefe in die Mulde bröseln und mit 50 ml Milch verrühren. Den Hefeansatz mit Mehl zudecken und 30 Minuten bei Zimmertemperatur gehen lassen.

2. Restliche Milch, Eigelbe, Zucker, Zitronenschale, Vanille, Salz und Butter zum Hefeansatz geben und mit den Knethaken des Handrührgeräts oder in einer Küchenmaschine 4 Minuten verkneten. Die Schüssel mit dem Geschirrtuch abdecken und den Teig bei Zimmertemperatur etwa 40 Minuten gehen lassen.

3. Den Hefeteig auf eine mit Mehl bestäubte Arbeitsfläche legen. Den Teig etwas flach drücken und in 12 gleich große Stücke teilen. Jedes Teigstück zu einer runden Kugel formen, auf der bemehlten Arbeitsfläche mit dem Geschirrtuch abdecken und weitere 40 Minuten gehen lassen.

4. In jede Teigkugel mittig eine Mulde drücken, dann die Teiglinge mit leicht bemehlten Händen in der Luft in der Mitte etwas dünner ziehen, ohne dass Löcher entstehen. Wenn alle Teiglinge bearbeitet sind, fängt man mit dem ersten nochmals an und formt das Teigstück so, dass ein dicker Rand und ein etwa 5–6 cm breites, dünnes Teigfenster entsteht.

5. Das Fett in der Pfanne auf 160–170 °C erhitzen. Wenn an einem hinein-gehaltenen Kochlöffelstiel Bläschen aufsteigen, ist das Fett heiß genug. Die Temperatur etwas reduzieren, damit das Fett nicht überhitzt. Die Küchl nacheinander im heißen Fett schwimmend ausbacken: Vorsichtig in das heiße Fett legen, mit einem Esslöffel etwas heißes Fett darübergießen (dann geht das Fenster schön auf) und von jeder Seite etwa 1½ Minuten goldbraun backen (das Fenster darf und sollte weiß bleiben). Fertig gebackene Küchl auf Küchenpapier abtropfen lassen. Die Küchl vor dem Servieren mit Puderzucker bestäuben und bald servieren.

MEIN TIPP

Auszogne gibt's in Bayern nur zur Kirchweih und am Volksfest! Der Name kommt übrigens vom Ausziehen des Teigs mit den Händen, bis in der Mitte ein Teigfenster entsteht. Die Küchl lassen sich frisch gebacken gut einfrieren und das Fett kann man für noch eine Runde Küchl aufheben.

Backtipps

ES EMPFIEHLT SICH, REZEPTE VOR DEM BACKEN IMMER EINMAL AUFMERKSAM DURCHZULESEN. AUCH BRAUCHEN MANCHE REZEPTE ETWAS ÜBUNG.

SCHOKOLADE

Meine Lieblingsschokolade zum Backen ist Zartbitter-kuvertüre. Kuvertüre schön klein hacken und dann drei Viertel der Menge auf dem warmen Wasserbad schmelzen lassen, dabei immer wieder umrühren (das Wasser darf nicht heißer als 60 °C sein!). Es sollte kein Wasser oder Wasserdampf in die Kuvertüre gelangen, sonst wird sie fest. Sobald die Kuvertüre geschmolzen ist, die Schüssel vom Wasserbad nehmen und die restliche gehackte Kuvertüre unterrühren, bis auch sie geschmolzen ist. Wird die Kuvertüre am Rand wieder fest, die Schüssel nochmals kurz auf das warme Wasserbad setzen.

Bei Rezepten mit Kuvertüre verwende ich hier immer etwas gehärtetes Kokosfett, das macht das Temperieren der Kuvertüre einfacher und sie bekommt einen schönen Glanz.

Tipp: Falls doch mal Wasser in die Kuvertüre gelangt und sie fest wird, kann man etwas heiße Milch zugeben, rühren, bis die Kuvertüre wieder geschmolzen ist, und hat somit eine leckere heiße Schokolade!

BACKOFEN

Jeder neue Backofen ist auch für den Profi eine Heraus-forderung. Man muss sich immer etwas aneinander gewöhnen und beobachten, ob der Ofen eher etwas scharfer bäckt oder nicht so heiß. Wenn man es genau wissen möchte, kann man ein Ofenthermometer verwenden. Je nach Ofen kann eine Seite des Gebäcks schneller braun werden und es empfiehlt sich, das Backblech 1–2-mal zu drehen.

Bei Ober- und Unterhitze immer nur ein Backblech in den Ofen schieben, bei Umluft dürfen es auch gerne zwei Bleche sein. Diese bei halber Backzeit drehen und tauschen, damit das Gebäck gleichmäßig braun wird.

Den Ofen vorzuheizen ist sinnvoll, wenn man sich nach der angegebenen Backzeit richten möchte.

ZUCKER

Zuckerkochen ist buchstäblich eine sehr heiße Angelegenheit und braucht etwas Übung. Die Rezepte habe ich ohne den Gebrauch eines Zuckerthermometers geschrieben, da die Mengen sehr klein sind. So sollten Sie sich genau an die Kochzeiten halten. Den Topf nicht zu groß wählen und darauf achten, dass keine Zuckerkristalle am Topfinnenrand kleben (diese mit einem feuchten Pinsel abstreifen). Sobald sich der Zucker im Wasser gelöst hat, nicht mehr umrühren! Je länger der Sirup kocht, umso fester wird er. Der gekochte Zuckersirup sollte klar bleiben. Wird er zartbraun, ist er bereits Karamell und eignet sich nur noch für die Paradiesäpfel und Lollis …

Rezeptverzeichnis

ÜBER DIE AUTORIN

Christine Bergmayer ist Konditormeisterin und freie Foodstylistin. Seit ihrer Lehrzeit bäckt sie sich mit Freude durchs Leben. Wichtige berufliche Stationen waren u. a. Harrods in London (Demi Chef Patissière), Schloss Elmau (Chef Patissière) und MS Europa (Patissière). 1999 Gründung des Cafe Opera in Regensburg, 2007 Gründung der Backwerkstatt »Zuckerbäckerin« in Hamburg und 2016 Umzug der Backwerkstatt »Die Zuckerbäckerin« nach Regensburg.

Impressum

Bibliografische Information der Deutschen Nationalbibliothek

Die Deutsche Nationalbibliothek verzeichnet diese Publikation in der Deutschen Nationalbibliografie; detaillierte bibliografische Daten sind im Internet über http://dnb.d-nb.de abrufbar.

BLV Buchverlag GmbH & Co. KG

80636 München

© 2017 BLV Buchverlag GmbH & Co. KG, München

Bildnachweis:
Foodfotografie und Foodstyling: Frauke Antholz
Fotolia/drubig-photo: S. 19 o.
iStock: S. 11 u. (standret), S. 19 u. (Shurkva), S. 25 o. (Lugaaa), S. 25 u. (Lugaaa), S. 34 o. (KateJoanna), S. 49 o. (ronaldino3001), S. 49 u. (HHLtDave5), S. 55 o. (Lugaaa), S. 55 u. (FooTToo), S. 69 o. (Bicho_raro), S. 93 o. (Donald34), S. 93 u. (sasimoto)
Christine Paxmann: S. 69 u., S. 74 u.
Shutterstock: S. 2/3 (Jerry Horbert), S. 4 re. Mitte (Eleanor Frommel), S. 34 u. (Bildagentur Zoonar GmbH), S. 80 o. (FooTToo), S. 80 u. (BrunoWeltmann)
Thinkstock: S. 4 li. (raeva), S. 10 o. (John Foxx)

Grafiken: Julia Romeiß

Umschlagkonzeption und -gestaltung: BLV-Verlag
Umschlagfotos: Frauke Antholz

Lektorat: Stella Rahn
Herstellung: Angelika Tröger
Layoutkonzept Innenteil: Julia Romeiß, München
Layout/DTP: Uhl + Massopust GmbH, Aalen

Gedruckt auf chlorfrei gebleichtem Papier

Printed in Germany
ISBN 978-3-8354-1727-4

Das Werk einschließlich aller seiner Teile ist urheberrechtlich geschützt. Jede Verwertung außerhalb der engen Grenzen des Urheberrechtsgesetzes ist ohne Zustimmung des Verlags unzulässig und strafbar. Das gilt insbesondere für Vervielfältigungen, Übersetzungen, Mikroverfilmungen und die Einspeicherung und Verarbeitung in elektronischen Systemen.

 www.facebook.com/blvVerlag

Hinweis
Das vorliegende Buch wurde sorgfältig erarbeitet. Dennoch erfolgen alle Angaben ohne Gewähr. Weder Autorin noch Verlag können für eventuelle Nachteile oder Schäden, die aus den im Buch vorgestellten Informationen resultieren, eine Haftung übernehmen.